Klaus Wagener

Oasen für die Seele

BLOOM's by Ulmer

Über den Autor

Klaus Wagener genießt selbst seinen großen Garten mit zwei Terrassen sowie einen großen Balkon. Überall hat er nach den unterschiedlichen Bepflanzungsprinzipien Outdoorplätze geschaffen, die ihm und seiner Familie als Wellness- und Entspannungs-Oasen dienen. Als gelernter Florist und Floristmeister, der als bislang einziger Deutscher den Titel „Weltmeister der Floristen" errang und internationale Anerkennung genießt, wuchs er bereits umgeben von Pflanzen und Blumen auf. Er liebt die Natur zu jeder Jahreszeit: am Frühling das Erfrischende und Anbrechende, am Sommer die bunten und fröhlichen Farben, am Herbst den Formenreichtum, die Fülle und Pracht und am Winter das Karge, Stille, Zurückhaltende. Sein Credo: jede Jahreszeit hat ihre Reize und ihren Charme. Kein Wunder also, dass jemand, der so denkt und fühlt, zudem Designer und Pflanzenkenner aus Profession ist, Gehölze, Gräser und Stauden mit ihren unterschiedlichen Formen und Farben zu gestalten weiß. Das vorliegende Buch gibt einen kleinen Ausblick in seine reichhaltige Schaffenskraft.

Mehr zu diesem vielseitigen Designer unter: www.Klaus-Wagener.com oder www.blooms.de.

Herausgeber	BLOOM's GmbH, Ratingen, www.blooms.de
Floristische Leitung	Klaus Wagener
Text und Redaktion (vwtl.)	Hella Henckel
Redaktion	Team BLOOM's
Bepflanzung und Fotostyling	Team BLOOM's
Fotos	Patrick Pantze-Werbefotografie GmbH, Lage
Grafik-Design	Carolin Troesser Team BLOOM's
DTP	Britta Baschen
Druck	Printer Trento, Italien

Bibliografische Information der deutschen Bibliothek: Die Deutsche Bibliothek verzeichnet diese Publikation in der Deutschen Nationalbibliografie; detaillierte bibliografische Daten sind im Internet über http://dnb.ddb.de abrufbar.

Wollgrasweg 41, 70599 Stuttgart (Hohenheim)
E-Mail: info@ulmer.de
Internet: www.ulmer.de
2. Auflage 2011

ISBN 978-3-8001-7549-9

Entspannen im eigenen Garten, Relaxen auf der stimmungsvoll bepflanzten Terrasse, Kraftschöpfen auf dem eigenen Balkon umgeben von bunt bepflanzten Gefäßen – wer braucht das nicht? Und sehnen wir uns nicht alle nach einer gesunden, wohltuenden Umgebung?

Schaffen Sie sich Ihre eigenen farbenfrohen Grün- und Blütenparadiese, denn diese sind keine Zauberei, es braucht keine gärtnerische Fachkompetenz. Lediglich ein bisschen Fantasie, gute Anregungen und vor allem der eigene Spaß machen auch aus scheinbar unnatürlichen Bereichen rund ums Haus grüne Keimzellen, die zu wahren Wellness-Oasen erblühen können. Mit unseren Outdoor-Ideen fordern wir Sie heraus: Probieren Sie es doch einfach mal aus!
Alle Anregungen in diesem Buch schöpfen aus der Begeisterung über die Möglichkeiten, die die Pflanzenwelt selbst uns bietet! Machen Sie es wie wir, tauchen Sie ein in Farben und Formen. Kombinieren Sie Blütenpflanzen, Laubgehölze, Gräser oder Kräuter nach Herzenslust! Sie werden sehen, vom Planen, Bepflanzen, Beobachten bis hin zum Genießen bereiten Pflanzen Freude pur, zu jeder Jahreszeit – ein ganzes Jahr lang!

Willkommen in unseren kleinen Blütenparadiesen!

Klaus Wagener

Frühling

Sommer

Herbst

Winter

Service

Frühling

Bunter Jahresauftakt

Fröhlich kombiniert ins neue Blütenjahr

Unkompliziert soll es sein, eben schnell gemacht, und schon in wenigen Tag wieder verändert. Wenn das neue Jahr mit den ersten Sonnenstrahlen lockt, bleibt nicht viel Zeit für aufwändige Bepflanzungen. Da heißt es: Ab ins Gartencenter, die ersten Frühlingsblüher eingepackt und zu Hause in die nächst verfügbaren Töpfe gestellt. Topfideen für Schnellentschlossene.

Ein paar bunte Frühlingsblüher sollten es aber schon sein, die beim Blick nach draußen Lust auf längere und wärmere Tage machen. Wenn's schnell gehen soll, ist ein kunterbuntes Topfsammelsurium genau das Richtige, um die ersten Frühlingsblüher ins rechte Licht zu rücken. Da entstehen aus Konservendosen modische Umhüllungen, alte Töpfe erhalten mit Pinsel und Kleister ein Facelifting und die gute Einkaufstasche wird zum praktischen Bepflanzungsobjekt.

◁ Ein Frühlingsszenario, das in weniger als einer Stunde entstanden ist. In alle verfügbaren, topfähnlichen Behältnisse sind die vorgetriebenen, im Pflanzencenter erworbenen Frühlings-Topfblüher eingestellt.

▷ Anemone, Bellis, Primel, Narzisse, Hyazinthe. Was im schnellen Gang durchs Gartencenter mit nach Hause genommen wurde, findet in Weißblechdosen eine neue Bestimmung. Die Behälter werden vom Etikett befreit, gereinigt und vielleicht mit einer Geschenkpapierbanderole umklebt oder mit Lackfarbe gestrichen.

△ *Pret-à-porter, wo immer gewünscht. Die Kunststofftaschen beherbergen Narzissen, Anemonen und Ranunkeln.*

◁ *Ob große oder kleine Dosen: diese bieten sogar mit entsprechendem Aufdruck witzige Gestaltungsmöglichkeiten. Da die Dosen bei Feuchtigkeit auf den Standflächen unschöne Rostringe hinterlassen, sollten sie nicht auf empfindlichen Fliesen oder Steinplatten abgestellt werden. Abhilfe schafft das vorherige Abstreuen der Fläche mit Sand.*

▷ *Für farbige Neuanstriche muss das Gefäß komplett trocken und die Oberfläche sauber sein. Wandfarbe wird mit Abtönfarbe wunschgemäß gefärbt. Nach dem Streichen muss alles gut durchtrocknen. Zum Schluss kommt die schützende Bootslackierung. Hier mit Primeln, Wolfsmilchgewächs, gelben Ranunkeln, violetten Stiefmütterchen, blauer Veronika, Tausendschönchen, Narzissen, sowie in den anderen Gefäßen Marokko-Margeriten, Anemonen und Narzissen.*

◁ *Die Unterschiedlichkeit in Form, Höhe und Ausführung der Gefäße macht dieses Ensemble interessant. Behältnisse aus dem Vorjahr wurden mit buntem Geschenkpapier bekleistert oder mit Wandfarbe gestrichen. Schutz vor Nässe garantiert ein abschließender Anstrich mit witterungsbeständigem Bootslack.*

Die ersten Blüten vor der Tür

Eingangsbereiche einladend gestalten

Fröhlich wirkende Topfensembles, bepflanzt mit den ersten Frühlingsboten, geben Eingangsbereichen ein buntes Gesicht. Passend zur Architektur des Hauses oder Art der Eingangstür bieten sich verschiedene Blütenfarben und Bepflanzungsstile in Kombination mit bunten Topfgefäßen an. Türsteher mit Blühgarantie!

Wo früher einförmige und unflexible Waschbetonkübel oft einen unansehnlichen Anblick boten, erfreut heute eine Vielfalt an bunten, unterschiedlichen Gefäßen. Diese lassen sich je nach Blühzustand jederzeit nachpflanzen, neu kombinieren oder gar entfernen. So ist immer wieder für ein erfrischendes, überraschend anderes und blütenreiches Bild gesorgt. Wichtig ist nur, dass die Gefäße untereinander in Farbe und Stil zueinander passen und auch die Bepflanzung darauf abgestimmt wird. Allerlei Topfideen für jede Menge Frühlingsblumen.

◁ Gelbe und weiße Blütenpflanzen akzentuiert mit frischem Violett in dazu passend gestrichenen Gefäßen vor dem gelb-weißen Hauseingang. Die Kugelweide bringt Höhe ins Spiel. Darunter gruppieren sich Krokusse, Stiefmütterchen, Etagenprimeln, Narzissen, Efeu, Hyazinthen und Perlhyazinthen.

▷ Monobepflanzungen, wie mit den gelben, mehrjährigen Hornveilchen, gewinnen an Attraktivität, wenn sie in einem besonderen Gefäß stehen. Dieses ist passend im ländlichen Karolook gestrichen. Als Schutz dient witterungsbeständiger Bootsklarlack. Das Stelldichein besteht aus Stiefmütterchen, Narzissen, Bellis und Schneeball, Perlhyazinthen, Zwergmispel sowie pfeilblättrigem Efeu.

△ Jedes Töpfchen ist mit einer Sorte Frühlingsblüher bepflanzt. So lässt sich eine adrette Topfreihung auf einem Mauervorsprung realisieren. Was verblüht ist, wird einfach herausgenommen und gegebenenfalls ersetzt. Hier ganz in Blau: Traubenhyazinthen, Anemonen und blaue Stiefmütterchen. Weitere Kandidaten für die blaue Reihung sind auch Hyazinthen und Krokusse.

◁ Hier tummeln sich blaue und weiße Blüher im Zinkkasten: Steinbrech, Traubenhyazinthen, Stiefmütterchen, Gänsekresse und Anemonen.

▷ Sammelsurium aus blauen Gefäßen und blauen Pflanzen, mit einigen weißen und gelben Akzenten. Hyazinthen mit hinzu gestecktem Heidelbeerkraut, Traubenhyazinthen, Anemonen und blaue Stiefmütterchen fühlen sich mono in kleinen Töpfen wohl. Rechts eine gelbgrüne Nieswurz mit Heiligenkraut, Primel, Perlhyazinthen, Efeu und immergrünem Buchs. Prächtig macht sich der aufgestäbte Efeu im blauen Gefäß.

◁ Eingang mit Esprit. Blau ist die Farbe der guten Geister und beschützenden Kräfte. Gute Gründe, viel Blau zu verwenden. So ist den blau-violetten Stiefmütterchen zusammen mit silbrig-grauem Heiligenkraut eine ganze Schale gewidmet. Daneben finden sich weiße Primeln, gelbe Narzissen, Efeu und weiße Ranunkeln, Rosmarin und Lavendel unter dem Lebensbaum-Hochstämmchen.

△ *Die an antike Gefäßformen erinnernden Kästen treten paarweise auf. Vor der rückwärtigen Terrassentür werden sie zu vitalen Blickfängern in der noch kargen Jahreszeit. Bepflanzt sind sie mit rötlich bis apricotfarbenen Stiefmütterchen, rotvioletten Hyazinthen und kleinblättrigen Mühlenbeckien.*

◁ *Eine interessante Pflanzenzusammenstellung, bei der – ungewöhnlich für den Frühling – die rötlichen, dunklen Tönen überwiegen. In Weiß hellen die Tausendschönchen auf, die kleinblütigen Narzissen wirken wie Blütensternchen und Farbe geben die Etagenprimeln, Stiefmütterchen und niedrigwachsenden Ranunkeln. Die zartblättrigen Ranken der Mühlenbeckien umspielen das Ganze.*

▷ *Auf einem größeren Grundstück wirkt es harmonisch, wenn sich die Gefäße wiederholen. So ist das kugelige Duo sowohl vorm Eingang als auch auf der großen Freifläche vor dem Haus zu finden. Bepflanzt ist es mit Stiefmütterchen in mehreren Farben von Orange, über Bordeaux bis Braunviolett, pfeilblättrigem, zweifarbigem Efeu, Tausendschönchen, blauen Etagenprimeln sowie Ranunkeln.*

◁ *Rechteckige Holzkästen passen zu ländlichen Wohnbereichen. Auf der Terrasse setzt das Trio Highlights in warmen Rottönen. Die Trauerweide und der Mittelmeer-Schneeball als Hochstämmchen werden begleitet von Stiefmütterchen, Tausendschönchen, dunkelvioletten Tulpen, Ranunkeln, Etagenprimeln und weißer Schaumblüte, sowie als Blattschmuckpflanzen von dunkellaubigen Purpurglöckchen und pfeilblättrigem Efeu.*

Frühling allerorten

Bepflanzte Schalen zeigen sich flexibel

Wenn Terrassen, Balkone und Gärten noch nicht im vollen Umfang genutzt werden können und sich die Natur im Garten noch in den Startlöchern befindet, sind kurzfristig zu bepflanzende Schalen eine echte Alternative. Die Gärtnereien halten vorgetriebene Pflanzen bereit, aus denen sich stimmungsvolle Farbtupfer arrangieren lassen. Für jeden Platz den passenden Topf.

Ein Gartenstuhl, der noch auf wärmere Temperaturen wartet, ein Fenstersims, das noch trostlos und grau wirkt. Rund ums Haus oder die Wohnung lassen sich viele Plätzchen finden, an denen im Frühling bunt bepflanzte Schalen die ersten Sonnenstrahlen locken. Allerdings sollte beim Bepflanzen der Gefäße immer auf eine gute Basis geachtet werden. Frische Erde ist notwendig, damit die in Gewächshäusern vorgetriebenen Pflanzen sich im Freien auch gut bis zur vollen Blüte entfalten. Ebenso ein Wasserabzugsloch am Schalenboden, damit die Gefäße durch einen Regenguss nicht zu Wasserbassins werden.

◁ Den Lieblingsplatz ziert, solange aufgrund der frischen Temperaturen darauf noch niemand Platz genommen hat, eine weiße Schale mit stimmungsvoller Bepflanzung aus niedrigwachsenden Narzissen, gelben Hungerblümchen und hellgelben Hornveilchen, zart umrankt von den langen, beblätterten Trieben der Mühlenbeckie.

▷ Man sollte schon genau reinschauen, um die zarten Blüher wahrzunehmen, die den Temperaturen zum Trotz ihre Blütenköpfe recken.

△ Zu einer vielgestaltig bepflanzten Schale passt ideal eine mono bepflanzte. Links finden sich Narzissen, Etagenprimeln, Hornveilchen, Hungerblümchen, umrankt von Mühlenbeckie. Rechts dazu weiße Tausendschönchen.

◁ Helle Farben drücken am stimmungsvollsten den Optimismus aus, nach dem sich alle jetzt sehnen. Die Schale präsentiert weiße Etagenprimeln und Hornveilchen zusammen mit zitronengelben Stiefmütterchen und frischem Minzkraut.

▷ Eine runde Sache! Bepflanzung aus gelben und weißen Blühern wie Narzissen, Etagenprimeln, Hornveilchen, Hungerblümchen, umrankt von Mühlenbeckie.

▽ Ein länglicher Kasten passt auf schmale Simse oder Fensterbänke und lässt den Frühling durch die Fenster schauen. Hier gelbe Narzissen, Tulpen, Hornveilchen mit weißgelben Primeln und Steinbrech.

△ *Ein freundlich wirkendes Begrüßungskomitee aus zweierlei Primeln und leuchtend gelben Narzissen. Dazu frischgrüner, vital wirkender Efeu und gesteckte Birkenzweige in einem rechteckigen Terrakottakübel vor der Eingangstür.*

◁ *Für die Bepflanzung flacher Schalen sollte unbedingt auf niedrigwachsende Sorten geachtet werden. Neben dem gelben Spindelstrauch und der Steinbrech-Polsterstaude erstrahlen dottergelbe Primeln, Tulpen mit gelb-orangeroter Zeichnung und Ranunkeln.*

▷ *Ein interessantes Trio aus gleichen Gefäßen, die mit unterschiedlichen Stiefmütterchen-Sorten bepflanzt sind.*

◁ *Sonnige Ausblicke, die die noch kurzen Tage im Frühling aufhellen. Narzissen, dazu verschieden farbige Stiefmütterchen und Hornveilchen, außerdem Duftthymianstaude und grüner Efeu.*

▷ Einfach und passend: Eine Stiege voller Primeln! Als Geschenk einfach vor der Tür abgestellt, zieht so etwas für einige Wochen die Blicke auf sich.

▷▷ Harmonie in warmen Rottönen. Rosérote Hyazinthen werden begleitet von weißen und purpurfarbenen Schachbrettblumen, weißen und rosa Tausendschönchen sowie Gras.

▷ Um den duftenden Thymian finden sich unterschiedlich blühende Primeln, rosa Gänsekresse sowie moosartige Polsterstauden. Als dekorativer Akzent wird alles von einem papierummantelten, roten Schmuckdraht umlegt.

▷▷ Traditioneller Holzkorb bepflanzt mit Primeln, Tausendschönchen, Spindelstrauch und Ranunkeln in Rosé.

◁ Very British! Ganz in lieblichem Rosé-Weiß identifizieren sich mit dieser Bepflanzungsgruppe Freunde des englischen Country-Stils. In den mit Folie ausgekleideten Korbgefäßen finden sich Primeln, Schachbrettblume, Tausendschönchen und großblütige Stiefmütterchen. In den Töpfen sind außerdem noch Etagenprimeln und Steinbrechgewächse zu entdecken.

V.Z.B. - BOLS

◁ Der Terrakottakasten mit den Ornamenten zeigt eine charmante Bepflanzung aus blauen Staudenglockenblumen, Rosmarin, Narzissenblättern, bordeauxfarbenen Stiefmütterchen sowie weißer Gänsekresse.

▷ Ein prächtiges Bild, das durch die fast royal und würdig wirkenden Farben der Schachbrettblumen, Stiefmütterchen und Ranunkeln bestimmt wird. Bescheiden dazu doch nicht minder attraktiv: die kleine Kiste mit den großblütigen Stiefmütterchen als Monobepflanzung.

▷ Perlhyazinthen überragen wie kleine Leuchter die niedrige Bepflanzung aus weißen und pinkfarbenen Ranunkeln sowie violetten Stiefmütterchen.

▽ Harmonie in warmen Violett- und Gelbtönen. Die weißen und purpurnen Schachbrettblumen als grazile Tänzer über den niedrigen Stauden bestimmen das Bild, dem sich rötliche Ranunkeln, lila Vergissmeinnicht und gelb-apricotfarbene Primeln unterordnen.

Sommer

Feurige Leidenschaft

Blüten für glühende Sommerlaune

Glühend, rassig und leidenschaftlich verführerisch können Pflanzkombinationen sein, die sich auf diesen feurigen Farbbereich konzentrieren. Mit leuchtend roten Blühern, sinnlichen Violetttönen, sowie erheiternden orangen Blütentupfern erhält der Sommer ein unverwechselbares Temperament. Latin Lover lassen grüßen.

Es kommt weniger auf ausgefallene und exotische Pflanzen an, als vielmehr auf deren richtige und stimmige Auswahl in Bezug auf Blütenfarbe, Blattwerk und natürlich ähnliche Blüh- und Pflegeansprüche. Alles dreht sich um Rot, Orange bis Violett, die sich hier in farblichen Changierungen ein feuriges Stelldichein geben. Selbst biedere Fuchsien, Begonien und Dahlien wirken modern in mutigen Kombinationen und entzünden im Balkonkasten ihr Farbfeuer. Passend dazu sollte Gefäßen in dunkleren Tönen und Materialien der Vorzug gegeben werden.

◁ Dunkellaubiger Günsel gibt dieser Schalenbepflanzung Tiefe. Darüber brillieren pinkfarbene Geranien, rotorangefarbene Dahlien, changierende Wandelröschen, rote Steinnelken und violette Celosien in verschwenderischer Üppigkeit.

▷ Wer kann dieser verführerischen Pracht widerstehen? Violette Petunien umgarnen rote Tabakblumen und Celosien, sowie orangerote Begonien. Auch Edellieschen finden sich zu dem sinnlichen Szenario in dunklen, hüfthohen Gefäßen für einen halbschattigen Standort ein.

△ Das Blumenrohr erblüht in kräftigem Rot. Unterpflanzt in diesem schlanken Sologefäß ist es mit knallroten Dahlien, lila Mini-Petunien, Geranien, schlankblütigen Fuchsien, violetten Petunien, pinkfarbenen Celosien und violetter Vanilleblume.

◁ Erhaben und majestätisch wirkt diese hohe Schalenbepflanzung in den purpurnen Prachtfarben, die sich als Terrassenschmuck ebenso anbietet wie für eine Akzentuierung langer Wege. Dabei sind dunkellaubiger Günsel, pinkrote Geranien, blaue Mini-Petunien, rotes Eisenkraut und die Ranken von Hornklee.

◁ Pracht, an der man sich nicht satt sehen kann: niedrigwachsende Wandelröschen, hellrote Knollenbegonien, dunkler, purpurfarbener Günsel, Edellieschen, Steinnelken und violette Mini-Petunien.

▷ Mit den duftenden, violettfarbenen Vanilleblumen kommt eine weitere Betörung der Sinne ins Spiel. Dunkler Günsel, pinkfarbene Celosien, orangerote Dahlien, Geranien, Tabakblumen und Mini-Petunien sind die farbenfrohen Statisten.

△ Besonders überhängende Pflanzen kommen in hohen, schlanken Gefäßen oder sogar in Ampeln gut zur Geltung. In Kopfhöhe entfachen sie ihr farbiges Blütenfeuerwerk. Die Fuchsien sind unterpflanzt mit langtriebigem Gundermann.

◁ Auch eine Monobepflanzung kann die Kraft der Farbe Rot zum Ausdruck bringen. Die hochstämmigen Fuchsien in verschiedenen Sorten sind ein repräsentativer Schmuck vor der Tür oder auf der Terrasse. Rechts dabei: rose Topfrosen.

◁ Orange leuchtende Knollenbegonien gehen ein auffälliges Rendezvous mit Eisenkraut, samtroten Hängegeranien sowie Buntnesseln mit ihrem changierenden Laub ein.

▷ Dunkle, schokobraune Gefäße bepflanzt mit Dahlien strahlen Extravaganz und Klasse aus.

◁ Schön ist es, wenn die Ampeln passend zur übrigen Outdoor-Bepflanzung gestaltet sind. Hier entspricht sich alles Ton-in-Ton. Dabei dominieren Hängegeranien, doch es geht auch im fröhlich-sinnlichen Farbmix. In den Körben rechts und hinten bestechen Salvien, Wandelröschen und stehende Geranien in Form und Farbe.

△ Überreicher Blütensegen. Die Begonie überschüttet das Ampelgefäß mit Tausenden von Blüten. Voraussetzung dafür sind eine regelmäßige Wasserversorgung und wöchentliche Düngegaben.

△ Auch Ampeln lassen sich bunt und abwechslungsreich bepflanzen. In den sinnlichen Farben des Südens präsentieren sich Geranien, Petunien, Eisenkraut, Feuersalbei, Begonien und Zigarettenblümchen.

Bepflanzung: Hanging Basket, die Blütenampel

1 Den Drahtkorb auf einen Eimer stellen und unten mit Sphagnummoos auslegen.

2 Auf diese Schicht wird hochwertige Blumenerde und Langzeitdünger für Blühpflanzen gegeben.

3 Seitliche Hängepflanzen lassen sich leichter und schonender pflanzen, wenn man über die Triebe eine Tüte zieht.

4 Die Triebe der Pflanzen durch die Maschen fädeln und den Ballen seitlich auf die Erde legen.

5 Sind die Seiten bepflanzt, wird die Moosschicht bis zum oberen Korbrand gezogen und mit Erde aufgefüllt.

6 Zum Schluss die Oberseite bepflanzen und alles angießen.

Blüten für feurige Bepflanzungsleidenschaft

Tabakblume

Fuchsie

Celosie

Hängende Geranie

Edellieschen

Nelke

Eisenkraut

Stehende Geranie

Blumenrohr

Celosie

Salvie

Dahlie

Begonie

Gerbera

Kugeldahlie

Feuersalbei

Der Süden zu Gast

Mediterranes Flair für Kosmopoliten

Wenn der strahlende Sommersonnenschein den Zauber des Südens auch in unseren Breiten Wirklichkeit werden lässt, ist das Lebensgefühl von Urlaub und Dolce-Far-Niente ganz nah. Die weiteren Zutaten sind schnell miteinander kombiniert: Terrakottagefäße, Möbel aus Korbgeflecht, eine Gartenbank und viele bunte Blumen. Das Heilmittel für Fernwehgeplagte.

Vielfalt ist das Zauberwort, wenn ums Haus herum der Süden Einzug halten soll. Zu Kübeln als Solisten gesellen sich kleinere Schalen und Gefäße, zu erdgebrannten Terrakottagefäßen passen fröhlich bunte Kissen und stimmungsvolle Accessoires. Auch der Duft von Basilikum, Rosmarin oder Thymian darf sich einmischen, wenn Bougainvilleen, Lavendel und Co. an die Buntheit der Riviera erinnern. Eine Mittelmeer-Oase für Nordeuropäer.

◁ Skulpturen, Amphoren, Agaven und Geranien zaubern ein Stillleben, das zum Träumen verleitet. Ideal ist eine Kulisse aus morbide wirkendem Naturgestein.

▷ Die Rosetten sonnengewöhnter Echeverien werden zum Hingucker in den pittoresken Arrangements mit Agave und Bogenhanf. Solche Pflanzen müssen im Spätherbst vor den ersten Nachtfrösten in ein warmes Winterquartier gebracht werden.

◁ Das Flair von Provence und Riviera lebt von den kräftigen Farben der Blüten. Violettes Eisenkraut leuchtet mit gelben Drillingsblumen, pinkfarbenen Geranien und Silberstrohblumen in den Wandgefäßen um die Wette.

▽ Die Südländer machen's vor: Kein Platz, kein Treppenaufgang oder keine Nische, der nicht mit Blumen geschmückt ist. Vom hohen Terrakottagefäß ranken weiß-violette Petunien, rote Hängegeranien, gelber Zweizahn, orangegelbe Begonien, roter Bartfaden und blaues Eisenkraut.

△ Bepflanzte Ampeln hängen an Eisengestängen, Treppengeländern oder Mauervorsprüngen. In flirrender Vielfalt finden sich darin lila Elfenspiegel, gelbe Goldköpfchen, lachsfarbener Elfensporn und pinkfarbene Mini-Petunien.

◁ Pflanzgefäße können wiederholt oder in immer wieder abgewandelter Zusammensetzung gruppiert werden. Hier Wandelröschen mit Geranienunterbepflanzung, dazu Eisenbaum und Töpfe mit blauem Lavendel und Elfenspiegel.

▷ Der Terrakottakasten auf dem Mauersims vereint das mediterrane Allerlei: Lavendel, Wandelröschen, Mini-Petunien, Thymian, Sandnelken, Strohblume und Fetthenne.

◁ Das Wandelröschen, das zum mannshohen Baum werden kann, gehört zum südlichen Flair wie das Orangenbäumchen, der Eisenbaum oder die rot blühenden Geranien mit ihren interessanten Laubzeichnungen und apricotfarbener Elfensporn.

◁ In konsequenter Blütenzusammensetzung lässt sich der sonnige Süden überall inszenieren. Hier vor einem traditionellen Landhaus aus dickem Mauerwerk. Ein Wandelröschen-Stamm ist unterpflanzt mit gelben Kapmargeriten, Goldköpfchen, roten Mini-Petunien und violettem Eisenkraut. Im Fensterkasten finden sich pinkfarbene Geranien, orangegelbe Begonien, violettes Männertreu und helllila Elfenspiegel.
Vor dem Sitzplatz leuchten um die Wette: blauer Rittersporn mit gelben Studentenblumen, orangefarbene Begonien, zweifarbige Petunien, blauer Männertreu, rote Geranien sowie in einer kleineren Schale orange Begonien.

△ Aus einem hohen Terrakottatopf ergießt sich eine farbenfrohe Blütenpracht: violette Petunien, orangefarbene Begonien, gelber Zweizahn sowie knallrote Geranien.

◁ Ein Hanging Basket passt immer. Hier schwingen rote Petunien, Blaue Gänseblümchen, Goldköpfchen sowie orangegelbe Begonien in luftiger Höhe.

▷ Hingucker am Hauseingang: blauer Rittersporn erhebt sich über roten Geranien, gelben, dicht gefüllten Studentenblumen, zwei Sorten orangefarbenen Begonien, pinkfarbenen Petunien, violetten Männertreu, gelben Husarenknöpfchen und Schneeflockenblumen.

◁ Der Traum eines jeden Kosmopoliten wird wahr. Im schicken Loft-Ambiente finden sich zu mediterranem Korbgestühl Terrakottagefäße mit Schwarzäugiger Susanne, violetten Drillingsblumen und vielfältig bepflanzte Gefäßen.

△ Orange mit farbigen Akzenten. Die kletternde Schwarzäugige Susanne an einem mittig platzierten Kletterstab erhebt sich über gelben Gazanien, lilablauem Männertreu und pinkfarbenen Edellieschen. Vorne im Terrakottagefäß orangegelbe Studentenblumen.

▷ So unkonventionell wie das Möbel- und Accessoire-Allerlei sind auch die mediterranen Bepflanzungen. Links Celosien, in der Mitte dunkellaubige Süßkartoffel, gelbe Studentenblumen, rote Tabakblumen und Buntnessel, im rechten Gefäß orangerotes Blumenrohr, unterpflanzt mit gelb blühendem, dunkellaubigem Zierklee, pinken Mini-Petunien und Strohblumen. Vorne orangefarbene Begonien.

△ Die violettblühende Drillingsblume, auch als Bougainvillea bekannt, ist ein Synonym für Sommer und Urlaub in südlichen Gefilden. In der azurblauen Keramik finden sich außerdem noch orangefarbene Dahlien, bordeauxlaubige Buntnessel, rote Petunien, Studenten- und Strohblumen.

◁ Blau glänzende Keramikgefäße lassen die kräftigen Farben des mediterranen Südens doppelt so stark leuchten. Ob mono oder bunt gemischt bepflanzt, ist eine Frage des Geschmacks und des gekonnten Miteinanders.

◁ Harmonie der kräftigen Farben. Gut ausgewogen als farbliche Mixtur präsentieren sich orangefarbene Wandelröschen und Gazanien, Buntnessel, violettblaue Angelonien, rote Hängegeranien, blaues Männertreu sowie pinkfarbene Edellieschen.

▷ Rot ist nicht gleich Rot, das stellen die Dahlien, Edellieschen, Begonien sowie Mini-Petunien unter Beweis. Dazu passen dunkellaubiger Zierklee, Sonnenblumen sowie gelbe Sonnenbraut. Eine Paprika-Pflanze und das Mädchenauge fühlen sich in deren Mitte ebenfalls wohl.

6 Der Sommer treibt's bunt

Outdoor-Ambiente mit Gute-Laune-Garantie

Zeit zum Relaxen, für eine Pause und ein bisschen Müßiggang. Da kommen bunte, fröhliche Farben gerade recht, um die Stimmung wieder auf Rekordmarken zu bringen. Ausgelassene Fröhlichkeit schwingt mit, wenn allerlei Blütendesign sich zu kunterbunten Streifen und jeder Menge knallfarbiger Töpfe gesellt. Hier heißt es: Nur keine Hemmungen! Farbcocktails der Superlative!

Grundsätzlich bieten sich viele Gefäße an, um die sommerliche Blütenpracht und Farbfülle aufzunehmen. Wem das Sortiment der Gefäßanbieter dennoch nicht das Richtige bietet, wird selbst zum Gestalter. Stark deckende Lacke geben ausgedienten Pötten neue Optiken, die dem Sommer den erfrischenden Teint geben. Wichtig ist, dass die Gefäße ein Wasserabzugsloch haben, damit ein Zuviel an Wasser keine Überschwemmung anrichtet, das Erdreich gut durchlüftet wird und im wahrsten Sinne des Wortes nicht versauert.

◁ Kaum ein Gefäß, das sich nicht für eine sommerlange Bepflanzung eignet. Passend zum fröhlichen Streifendessin hier ein Plastikkübel, aus dem Elfensporn hervorquillt.

▷ Löwenmäulchen in Hellgelb, Gerbera, Rittersporn, Zinnien, Leberbalsam und Kapmargeriten (vorne) sowie Mädchenauge, Blutweiderich und Staudenglockenblumen (hinten) sorgen dafür, dass es rund um den Lieblingsplatz farblich stets heiter bleibt.

◁◁ Gefäße im Picknick-Stil. Je nach Lust und Laune und nach spontan eingerichtetem Sonnen- oder Plauderplatz werden die bepflanzten Gefäße mitgebracht. Dabei erweisen sich die Kunststofftaschen gefüllt mit Dahlien, Elfensporn und Zinnien als ideal. Gelbe Keramik mit Pomponmargeriten (vorne) und Kosmeen (hinten) bildet das Pendant.

◁ Praktisch zum Mitnehmen an den Picknickplatz im Freien: Die Kunststofftaschen sind befüllt mit Zinnien in mehreren Farben.

▽ Alte Zinkgefäße? Auch die passen! Margeriten, Studentenblumen, apricotfarbener Elfensporn, krautige Mühlenbeckien und violetter Mini-Phlox fühlen sich hier einen Sommer lang wohl.

△ Schlanke Zinkgefäße im Trio geben großen Freiflächen eine Struktur und räumliche Einteilung. Links finden sich Männertreu, Zinnien, Präriekerze, Mädchenauge und Geranien. In der Mitte prunken Gerbera und rechts im Kübel geben sich Staudennelken, Elfensporn, Margeriten, Studentenblumen, Geranien und Dahlien ein Stelldichein.

◁ Bunt oder mono bepflanzte Gefäße gehen hier ein farbiges Spiel ein. Das linke Gefäß ist nur mit Studentenblumen, das vordere mit roten Staudennelken bepflanzt. Der hintere Zinkkübel präsentiert dagegen einen Mix aus gelbem Mädchenauge, pinkfarbenen Geranien, rosa Löwenmäulchen und weißen Staudenmargeriten. Der rechte Kübel zeigt blaue Männertreu, rosa Löwenmäulchen, rote Gerbera, weiße Staudenmargeriten und gelbe Studentenblumen.

▷ Bunte Töpfe geben ein stimmiges, farbenfrohes Bild ab. Sie sind jeweils mono bepflanzt, mit weißen Margeriten und mit Pomponblüten, mit Zinnien in Rosa, Gelb und Rot, sowie im Hintergrund mit pinkfarbenen Petunien.

▽ Wer im aktuellen Sortiment der Anbieter keine passend farbigen Töpfe findet, kann mit Hilfe von deckenden Lackfarben unterschiedliche Töpfe einheitlich kolorieren. Das sonnengelbe Ensemble ist bepflanzt mit gelben Löwenmäulchen, lila Leberbalsam, dunkelroten Petunien, roten Gerbera und Zinnien, weißen Kapmargeriten, gelbem Mädchenauge, violettem Blutweiderich, sowie hellblauem Rittersporn, apricotfarbenem Elfensporn und weißen Staudenmargeriten.

Mit wärmender Leuchtkraft

Strahlende Farben für Sonnenhungrige

Wer sucht nicht die jährliche Abwechslung auf dem Balkon oder immer mal wieder ein anderes Farbkonzept auf der Terrasse? Mit Sommerblühern in Balkonkästen und Kübeln ist dies kein Problem. Wie wär's mal, auf die Strahlkraft von Orange-Gelb zu setzen und sich nur auf Pflanzen in diesen Tönen zu konzentrieren? Ambiente für Sonnenanbeter.

Eine Liste der Pflanzen, die ins anzustrebende Farbkonzept passen, sollte man schon aufgestellt haben, bevor man an die Bepflanzung geht. Nur so kann gewährleistet bleiben, dass alles zusammenpasst. Studentenblumen, Wandelröschen oder Schwarzäugige Susanne bilden, farblich gesehen, gute Übergänge zwischen den strahlenden Gelbblühern und den sinnlichen Orange-Roten. Auch sollte man auf ein gutes Miteinander von hängenden oder rankenden zu den aufrecht wachsenden Pflanzen achten.

◁ Ein Blütenmeer, das sonnigen Optimismus ausstrahlt: Im Balkonkasten am Geländer finden sich Gazanien und Studentenblumen, hängende Husarenknöpfchen, rankende Schwarzäugige Susanne und dazu Wandelröschen, im Tongefäß Duftgeranie sowie ein Zitronenbäumchen.

▷ Wo kein Geländer zum Anhängen ist, finden bepflanzte Gefäße auf Simsen und Mauern Platz, hier passend aus Korbgeflecht. Buschige Studentenblume und breit wachsendes Wandelröschen bilden das Duo.

△ Sonnenhut heißt die sonnenähnlich blühende Staude, die ihrem Namen alle Ehre macht. Ihre Begleiter sind Buntnesseln, Salvien, Zigarettenblümchen sowie zweifarbige Studentenblumen. Im Hintergrund apricot-orangefarbene Löwenmäulchen.

◁ Selbst kleinste Freiplätze erhalten mit Topfbepflanzungen eine kuschelige Atmosphäre, in der man den Sommer genießen kann. Die Begleiter hier in den currygelben, glänzend glasierten Keramikgefäßen sind zweifarbige Studentenblumen, Fleißige Lieschen, leuchtend rote Salvien, gelbe Margeriten, Buntnesseln und Zinnien.

▷ Ein starkes und leuchtendes Trio: In Gelb brillieren gestreifte Studentenblumen und gelbe Ringelblumen. Salvien ergänzen das leuchtende Spektakel um ein knalliges, leuchtendes Rot.

◁ Große Terrakottakübel, der kleine mono mit Löwenmäulchen bepflanzt, der große mit einer strahlenden Mischung aus Margeriten, Zweizahn, Dahlien, Salvien und Buntnesseln. Da kommt die sonnige Laune wie von selbst.

▽ Eine Kastenbepflanzung bestehend aus gelben Margeriten, gelben Begonien, zartgelben Rosen, weißen Geranien, weiß-grünem Weihrauch und gelblicher Silberstrohblume.

△ Eine stattliche Bepflanzung. Die geschwungenen, schlanken Körbe sind innen mit Folie ausgekleidet und dann bepflanzt worden. Links: Cassia, unterpflanzt mit gelben Begonien, Studentenblumen und Silberstrohblumen. Rechts: gelbe Rudbeckien mit Husarenknöpfchen, rote Hängegeranien und Hornklee als Blattschmuck.

◁ Was auf Terrassen erst noch als blütenreicher Hinter- oder Vordergrund geschaffen werden muss, ist bei Sitzplätzen im Freien oft schon vorhanden. Hier kommen lediglich die Sonnenblüher im Terrakottagefäß hinzu. Dieses ist bepflanzt mit Cassia, gelben Rudbeckien, Studentenblumen und Begonien.

◁◁ Die Wärme der nachmittäglichen Stunden lässt sich wunderbar neben orange-gelben Bepflanzungen genießen. Unter der Seidenpflanze strahlen orangefarbene Ringelblumen sowie Zigarettenblümchen mit ihren zierlichen Blüten.

◁ *Eine ungewöhnliche Ampel in Kegelform, die bepflanzt ist mit gelben Goldköpfchen und Husarenknöpfchen, roten Hängegeranien und Verbenen, weißen Margeriten und Silberstrohblumen sowie Hornklee.*

▷ *Blütenfülle in drei Farben: gelber Zweizahn, Kapkörbchen und Begonien mit roten Geranien und Alonsoblume, sowie weißen Margeriten und Schneeflockenblume.*

▽ *Eine schöne Blickachse, die über die Gefäßbepflanzung im Vordergrund auf die Ampel im Hintergrund führt. Im Spiel sind rote Geranien, Gefleckte Taubnesseln, gelbe Husarenknöpfchen, gelbes Mädchenauge, weißer Rittersporn, außerdem grünlich-gelber Salbei und Silberstrohblumen.*

◁ *Der strahlende Korb mit weißen Margeriten ist kombiniert mit einer orange-gelb-roten Bepflanzung aus roten stehenden und hängenden Geranien, gelben Wandelröschen und orangegelben Goldköpfchen sowie Silberstrohblumen.*

Blüten mit wärmender Leuchtkraft

Rudbeckie

Margerite

Studentenblume

Studentenblume

Husarenknöpfchen

Dahlie

Zweizahn

Celosie

Ringelblume

Kapkörbchen

Wandelröschen

Löwenmäulchen

Strohblume

Seidenpflanze

Schwarzäugige Susanne

Knollenbegonie

8 Kindergarten

Spielen in natürlicher Umgebung

Abwechslungsreich muss die Bepflanzung sein, Platz zum Spielen und Herumtollen lassen und Spaß machen. Wo sich Kinder draußen aufhalten, darf keinerlei Gefährdung von der blühenden Pracht ausgehen. Somit muss alles stabil und kippsicher platziert sein. Doch Kinder müssen allerdings auch lernen, Pflanzen nur mit den Augen zu genießen. Blütenparadiese für Kids.

Pflanzen, die ihre Blütenfarbe ändern? Blüten, die gefräßig wie ein Löwenmaul aussehen, aber ganz harmlos sind? Das gibt's. Wer mit wachen Augen und Verstand die Blumen in Kästen und Kübeln betrachtet, wird viele lustige Details entdecken. Denn nicht nur das Wandelröschen und das Löwenmäulchen bieten Eltern gute Ansätze, um ihren Kindern die Naturschönheiten auf spielerische Weise näherzubringen. Bei sommerlichen Kübel- und Kastenbepflanzungen lernen die Jüngsten gleichzeitig die Natur zu respektieren und ihren Wert zu schätzen.

◁ Accessoires, wie dieser Schmetterling, wecken die Aufmerksamkeit der Kinder. Von da aus lässt sich entdecken, dass die flattrigen Petunien immer ein Auge in der Mitte tragen oder Geranien und der Gundermann einen intensiven, wenn auch nicht für alle angenehm empfundenen Duft verströmen.

▷ Ein Spielplatz, der auch Tigerenten-Fans Freude bereitet. Duftende Pflanzen im Wechsel mit der blühenden Pracht: rundliche Goldköpfchenblumen, tütenförmige Mini-Petunien, Farbe wechselnde Wandelröschen, strahlenblütige Kapkörbchen, sowie die schiefblättrigen Begonien. Dazu grünlicher Salbei, der beim Reiben ein herrliches Aroma verströmt.

WHOOPI

△ Der Freischwinger in luftiger Höhe, immer dann, wenn am Boden kein Platz ist oder unbedarfte Kinderhände gerne in die Vollen greifen würden. Hier bepflanzt in Gelb mit Studentenblumen, Zweizahn und Begonien, in Pink mit Petunien, in Rosa-Rot mit Steinnelken, in Blau mit Männertreu und in Weiß mit Margeriten.

◁ Viel Platz zum Spielen lassen Ampelbepflanzungen oder auch Hochwachsendes am Rande. Hier das kräftig rote Blumenrohr im Vordergrund, dessen Heranwachsen aufgrund der hohen Wuchsgeschwindigkeit gut von Kindern beobachtet werden kann.

▷ Ein Mauervorsprung, der ohnehin nicht beklettert werden soll, bannt die Gefahr, wenn hier Blüten stehen. In der Terrakottaschale violette Petunien und gelbe Husarenknöpfchen. Durch die verschiedenen Bepflanzungen in grünen Flechtkörben nehmen Kinder wahr, wie verschieden die Pflegeansprüche unterschiedlicher Pflanzen sein können. Manche brauchen mehr, andere weniger Wasser. Hier: gelborange Begonien, hochwachsendes, gelbes Fingerkraut, sowie rosa Löwenmäulchen, die garantiert nicht zubeißen.

◁ Glücklich, wer in solch blütenreichem Ambiente den Sommer genießen kann. Zu den kindgerechten, farbigen Outdoormöbeln passen lila Drillingsblumen, Schwarzäugige Susanne und rotleuchtende Zinnien. Ebenfalls im großen Kübel erblühen Rosen und lassen bei Kindern die Erfahrung reifen, dass Pflanzen mit Dornen pieksen.

◁ Alles, was der Sommer an Zartheit und Farbe zu bieten hat, ist von Kinderhand gepflanzt worden. Da lernt man, dass Kapkörbchen mit Löwenzahn Ähnlichkeit haben, aber zu einer ganz anderen Zeit blühen, dass die orangegelben Begonien, Studentenblumen und Margeriten eher große Blüten, die Schneeflockenblumen, das Staudenschleierkraut sowie Männertreu dagegen eher zarte, kleine Blüten haben.

▷ Spannende Zusammenstellung der unterschiedlichen Sommerblüher. Rote und orangefarbene Begonien, violette Petunien, pink-rosafarbene Geranien, weiße Margeriten, gelbe Studentenblumen und Goldmarie.

▽ Ein farbenfrohes Gefäß, wie es Kinder lieben. Und ebenso ist es bepflanzt, nämlich mit gelben Margeriten, orangefarbenen Begonien, pinkfarbenen und roten Petunien, rosa Geranien, zartvioletten Australischen Gänseblümchen, gelben Husarenknöpfchen und weißem Staudenschleierkraut.

◁ Die Schalenbepflanzung wird in einem größeren Kasten wiederholt. Dabei lernen die Kinder, Farbkonzepte durchzuziehen und von kleinen auf größere Gefäße zu übertragen.

△ Die Kugeln reizen zwar zum Spielen. Aber ihre Schwere macht deutlich, dass es keine Bälle sind. Die Bepflanzung aus rosa Gerbera, blauem Rittersporn, rosa Schönmalven sowie zitronengelbem Mädchenauge strahlt spielerische Leichtigkeit aus, das gefällt auch Kindern.

◁ Beim Windrad und der dekorativ bepflanzten Sommerblumenschale bleiben die Gummistiefel gerne draußen. Das versteht selbst der Jüngste. In der halbrunden Keramikschale finden sich Gefleckte Taubnesseln sowie rosa-rote Edellieschen und rote Fuchsien.

▷ Das Blanke und Helle sorgt für heitere Stimmung rund um den Familienlogenplatz. Hier: gelbe Margeriten, hellrosa Pomponmargeriten, Australische Gänseblümchen, dunkelpinkfarbener Phlox, blauviolette Petunien, weißer Elfenspiegel und rötlicher Elfensporn.

◁ Kinder lieben Farben, besonders Rosétöne. Die blühenden Begleiter links in den Schalen sind weiße Euphorbien und pinke Geranien, Australisches Gänseblümchen und weißes Eisenkraut sowie violette Laurentien (hinten). Rechts finden sich pinkfarbene Geranien und Phlox, violette Petunien, weißer Elfenspiegel und rosa Löwenmäulchen, sowie silbernes Currykraut und weißlich-grüne Taubnesseln.

Geliebtes Landhaus
Zarte Töne für Mußestunden

Der Traum vom einfachen, ländlich-charmanten Leben lässt sich auch beim stadtnahen Wohnen realisieren. Das gemütliche Rattanmobiliar bringt bereits Country-Atmosphäre. Blüten, die die Leichtigkeit des Sommers ausstrahlen, sind die passenden Partner. Nichts Aufregendes, nicht Lautes oder Schrilles, sondern farbliche Harmonie in Pastell. Zwangloses Relaxen für gestresste Städter.

Eine gelungene Mixtur zwischen mehrjährigen Blütenstauden und den saisonalen Highlights machen den Reiz des zarten Country-Stils aus. Zu Lavendel, Rosen, Astilben oder anderen Kübelpflanzen, die im Wintergarten überwintert wurden, gesellen sich die Einjährigen. Bevor sie in die Gefäße kommen, sollten diese mit frischer Pflanzerde aufgefüllt werden. Wichtig ist, dass auch Langzeitdünger zugemischt wird. Das garantiert ein sommerlanges und optimales Blühen.

◁ Astilben sind eigentlich mehr als Beetstauden bekannt. Kleinere, neuere Sorten, die kompakter wachsen, lassen diese Pflanze jedoch auch als Kübelpflanzen attraktiv und vielfältig einsetzen.

▷ Zu dem gemütlichen Korbsofa für die geschützte Terrasse oder Loggia passen die anspruchsvollen Gefäße mit einer wie gekalkt wirkenden Oberfläche. Hinten rechts sind sie mit Mehl-Salbei bepflanzt, vorne mit dem silbriggrauen Silberstrauch und in der Mitte mit einer Kombination aus Lavendel, Glockenblumen, Australischem Gänseblümchen, blauen Winden, Weihrauch sowie Blattschmuckgeranien.

△ Breitere, dafür weniger hohe Schalen bieten sich für den Übergang zwischen Terrasse und Rasenfläche an. Sie sind bepflanzt mit weißen Petunien, weißen Hängegeranien, pinkfarbenen Geranien, lila Leberbalsam, silbernem Heiligenkraut, Funkien und weißen Schneeflockenblumen.

◁ Das Pendant wird dominiert durch blaublühenden Salbei. Dem ordnen sich auch farblich unter: rosa und weiße Geranien und Silberblatt sowie rosa Elfensporn im Hintergrund.

▷ Die sich durch die gesamte Bepflanzung hindurch ziehenden gräulichen Silberstrohblumen beruhigen die in eher kräftigen Farben blühenden Pflanzen, wie pinkfarbene Geranien, dunkellila Leberbalsam, weiße Hängegeranien und apricotfarbenen Begonien zu dem pastelligen Szenario.

◁ Der blaublühende Mehl-Salbei im Vordergrund sowie die blaue Pflanzkombination rechts aus Lavendel, Australischen Gänseblümchen, Winden sowie buntblättrigem Weihrauch umrahmen die Sitzecke. Im Hintergrund rosa Kletterrosen und lilafarbener Schopflavendel im Topf.

10 Der Himmel so blau

Frische Brise mit Seaside-Spirit

Wenn der Hochsommer die Sehnsucht nach einer kühlenden Meeresbrise oder einem erquickenden Bad in kristallblauem Wasser schürt, bringen coole Farbtöne die erfrischende Wirkung auf Balkon und Terrasse. Ein bisschen Deauville oder ostdeutsche Seebäderromantik schwingen mit, wenn sich alles auf Blau-Weiß-Töne zuspitzt. Sommerplätze für Hitzköpfe.

Bekanntlich wirken Weiß und Blau kühl und erfrischend. Diesen Effekt kann man sich zu Nutze machen, wenn man weitestgehend Pflanzen, die in diesen Farben blühen, für seine Balkon- und Terrassengestaltung auswählt. Das Spektrum der möglichen Sommerblüher ist vielseitig. Vor allem neue Züchtungen an Einjahresblumen und ihr großes Sortenspektrum bieten Reichhaltiges, das an heißen Sommertagen zum erfrischenden Augentrost erblüht.

◁ Kühle Farben in gleißendem Sonnenlicht. In dem blauen Keramikgefäß finden sich der Kartoffelstrauch, unterpflanzt mit dunkelviolettem Männertreu und Gundermann.

▷ Das Pendant findet sich auf der anderen Seite der großen Terrasse in geringfügiger Abwandlung. Hier bilden weiße Edellieschen zusammen mit den hängenden Fächerblumen die Unterpflanzung zum Kartoffelblumen-Bäumchen. Wo die Blütenfülle den Topf verdeckt, können glasierte Tonkugeln passend zu den Gefäßen dekorative Akzente setzen.

△ Adrette Gefährten auf dem Patio. Duftender, silbriger Salbei und Australisches Gänseblümchen neben buschigen Becherblumen.

◁ Unterm Verandadach, dem Sonnensegel oder an der Regenrinne festgemacht, sorgt eine passend bepflanze Ampel für die blütenreiche Entsprechung in luftiger Höhe. Der Metallkorb, ausgelegt mit Moos und Substrat, ist bepflanzt mit violetten Petunien, violettem Elfenspiegel, weißen Schneeflockenblumen, Gundermann, Silberstrohblume sowie weißem Eisenkraut.

▷ Blau öffnet die Seele, klärt den Geist und zieht durch die Klarheit der Farbe jeden in seinen Bann. Eine Wirkung, die man beim Anblick dieser wunderbaren Kastenzusammenstellung ganz in Blau sicherlich nachempfinden kann. Fächerblumen, Laurentien, Lavendel, Petunien und Blaues Gänseblümchen treffen sich hier zur blauen Stunde.

◁ Ein schattenspendender Platz bei gleißender Sonne. Große Tontöpfe mit weißen Petunien, weißem Eisenkraut, violetten Vanilleblumen, Australischen Gänseblümchen, sowie silbergrauem Salbei, Weihrauch und Silberstrohblume bilden den Rahmen. Auch bei den Blattschmuckpflanzen wurden bewusst solche ausgesucht, deren weiß-grünes Laub die kühle Optik unterstreicht.

△ Blütenreiches Miteinander auf der Sonnenterrasse. Über den Margeritenbäumchen schwebt eine Ampel aus weißen und violetten Petunien sowie Silberstrohblumen.

◁ Im schattigen Eckchen finden sich violette und weiße Petunien, Weihrauch und Gefleckte Taubnesseln sowie Eisenkraut, Fuchsien und Fleißige Lieschen.

▷ Eine Kastenbepflanzung ganz in Blau, die regelrecht zu einem blauen Wunder erblüht: Die Kombination aus Australischen Gänseblümchen, duftenden Vanilleblumen, dunkelvioletten Petunien, silbrigen Silberstrohblumen sowie blauen Fächerblumen ist zur Nachahmung empfohlen.

◁ Ein angenehmes Plätzchen in lauschiger Privatheit für die heißen Stunden. Weiße Petunien, Duftgeranien, blaue Veronika, Weihrauch auf der Mauer, sowie die weißen Margeriten bilden den Rahmen für den Ruheplatz. Der mittig am Geländer aufgehängte Balkonkasten ganz in Blau aus Fächerblumen, Australischen Gänseblümchen, Petunien und Lavendel bildet die optische Mitte und lässt von hieraus den Blick in den Garten schweifen.

10 Der Himmel so blau

△ Das Duo lässt den Blick in die Ferne schweifen. Rosafarbene Margeriten im trauten Miteinander mit weißen Kosmeen, Astilben, blauem Leberbalsam und sternblütigen Laurentien.

◁ Sitzplatz für sommerliche Mußestunden. Der kühle Norden lässt grüßen. In den schlanken, hellen Keramikgefäßen verhalten sich Lavendel und Kosmeen ganz farbkonsequent.

▽ Die breiten, flachen Schalen mit den interessanten Querrillen sind jeweils mono bepflanzt. Links mit Australischen Gänseblümchen und rechts mit sternchenförmigen Glockenblumen.

◁ Schwedenlaune dezent im Schatten. Da ist der Mittsommer nicht mehr fern. Das weiße Gefäß ist mit Astilben, Margeriten, Schneeflockenblumen und blauem Männertreu bepflanzt.

◁ Zum kühlen Blau-Weiß gesellt sich ganz kompromissbereit das Silber des Lavendelbäumchens. Bis es seine blauen Blüten zur Entfaltung bringt, zieren die Blüten von weißem Eisenkraut, rosa Geranien, pinken Pentas, blauem Rittersporn, violetten Mini-Petunien und dazu herabhängender Gundermann das Arrangement.

◁ Die wenigsten Blüten sind wirklich blau. Meist mischt sich ein weicher Violettton hinzu. Doch in der Wirkung gelten diese Blüten als die blauen Himmelsstürmer. Hier das Stämmchen des Kartoffelstrauchs, unterpflanzt mit weißen Petunien, die eine dunkle Mitte wie ein Auge ziert.

◁ Erfrischende Blickfänger im Sitzplatzbereich. Weiße Löwenmäulchen und helllila Petunien mit dunkellaubiger Süßkartoffel sowie dunkelvioletten Petunien im Hintergrund bringen in den kühlen Farben einen Hauch von Nordsee-Frische auf den Tisch.

◁◁ Aus dem Zinkgefäß ergießen sich üppige Blütenwogen: hellviolettes Männertreu sowie weiße Petunien mit violetter Äderung.

▷ Kleinblütige, reinweiße Petunien in dem metallenen Zinkkübel schaffen ein erfrischendes Bild. Einige Gazanien in hellen Gelbtönen haben sich darunter gemischt.

▷▷ Ein blaues, glänzend glasiertes Keramikgefäß wird fast vollständig von den Blüten und Ranken verdeckt. Weiße Löwenmäulchen wachsen stolz nach oben, hellblaue Petunien mit dunkelvioletter Mitte, sowie dunkelviolettes Eisenkraut und das Silberröhrchen winden sich um das Gefäß herum.

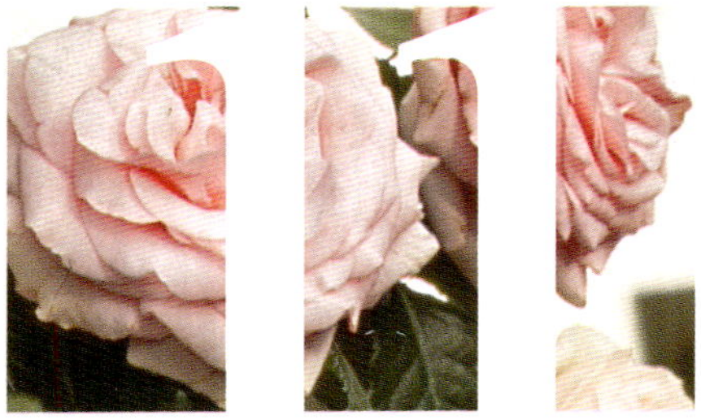

Cottage Garden

Landhausträume in Pastell

Die Nostalgiewelle macht vor der Terrassen- oder Gartengestaltung nicht Halt. Das sehnsuchtsvolle Liebäugeln mit den traumhaften Anlagen britischer Schlösser und Herrensitze, aber auch das Besondere der englischen Gartenkultur findet mit einer erlesenen Pflanzenauswahl in Violett, Rosé und Pastell eine annähernde Entsprechung. Blütenträume „Very british"!

Das Zusammenwirken von geschwungenem Eisenmobiliar mit den hellen und verzierten Bepflanzungsgefäßen, dem Staudenallerlei sowie den Pflanzenklassikern Rosen, Hortensien, Fuchsien und Co. bedingen den britischen Gestaltungsstil. Über allem hängt der Hauch von Romantik, das Liebenswerte von Althergebrachtem und ein verblichener Glanz vergangener Jahrhunderte. Soll dieser Charme einer gediegenen Gartenkultur Einzug halten, muss die liebliche bis morbid-romantische Farbstimmung konsequent eingehalten werden.

◁ Die hellen, Ornament verzierten Gefäße betonen die pastellfarbene Blüten- und Blattkombinationen. Den Prunk vergangener Epochen repräsentieren außerdem rosafarbene Topfrosen, großblütige und gefüllte Fleißige Lieschen, weißbunter Gundermann, bordeauxfarbener Zierklee, Blaue Mauritius, Staudenschleierkraut und weiße Schneeflockenblumen. Im Hintergrund gelb gerandete Funkien in einem hohen, curryfarbenen Gefäß.

▷ It's tea time! Inmitten des Blütenmeeres lassen sich die späten Nachmittagsstunden genüsslich verbringen. Zum Rosenambiente gesellen sich Petunien, Fleißige Lieschen, Jasmin-Solanum, Fuchsien bis hin zu Blattstauden wie Funkien in edlen Gefäßen.

35

△ Prächtig und prunkvoll, ganz im englischen Stil die Schalenbepflanzung aus rosafarbenen Rosen und Edellieschen, pinkfarbenen Petunien, Silberstrohblume und zartgelben Mini-Petunien.

◁ Laternen und die bepflanzten Gefäße umrahmen den Hauseingang attraktiv und einladend. Fuchsien, Elfenspiegel und Mini-Petunien entfalten sich in den kleineren Gefäßen, das hohe ist mit weißem Jasmin-Solanum, Edellieschen in Rosa, weiß-buntem Gundermann und Weihrauch unterpflanzt.

▽ Die rückwärtige Treppe ins Haus zieren Gefäße, bepflanzt mit zweifarbigen Fuchsien, Staudenschleierkraut, Zierklee, weißem Eisenkraut, zarten Edellieschen mit rosafarbener Mitte, lachsrosafarbenen Knollenbegonien, pinkfarbenen Petunien sowie dunkellaubigen, zartrosa blühenden Edellieschen im hinteren Gefäß.

◁ Einwanderer aus dem Mittelmeerraum, der sich auch im gemäßigten nordeuropäischen Sommerklima wohl fühlt: der Oleander. Umgeben ist er von Ranken einer zweifarbigen Süßkartoffel, Geranien, dunkellaubigem Zierklee, weißem Eisenkraut sowie weißen Kapkörbchen in dem dazu passenden kleineren Gefäß rechts.

◁ Die Blütenstände des purpurfarbenen Bartfadens ziehen die Blicke auf sich. Er bildet den Mittelpunkt der ansonsten eher zart-roséfarbenen Bepflanzung aus Rosen, Edellieschen, Australischen Gänseblümchen, Zierklee und Schneeflockenblumen.

◁ Die Pracht der Kletterrosen hier in voller Höhe. Der duftende Rosenstrauch wird außerdem begleitet von Duftkräutern wie Thymian und Oregano, sowie zwei kleineren Gefäßen, die mit Astilben und einer schopfblütigen Salvie bepflanzt sind.

▷ Kleineres Rosenensemble mit zweifarbigen Petunien, weißen Hängegeranien und Silberstrohblumen.

▷ Auch das ist typisch Englisch: kleine Stillleben wie hier mit roséfarbenen Topfrosen und gefüllten Edellieschen.

Blüten für das viktorianische Ambiente

Petunie

Elfenspiegel

Edellieschen

Angelonie

Mini-Petunie

Elfensporn

Rose

Begonie

Schönen Urlaub!

Karibikstimmung vor der Terrassentür

Im Sommer ist es bekanntlich zu Hause am schönsten. Warum also in die Ferne schweifen, wenn das Glück so nah liegt? Die kleinen Plätze im Freien rund ums Haus bieten Entspannung, Erholung und Wellness pur, wenn sie in eine erfrischende, anregende Farbkombination getaucht werden. Karibikfeeling oder Dschungelatmosphäre entsteht aus hellem Grün mit Pink und Violett. Coole Drinks sind Farbberater.

Limonengrün und ein paar azurblaue Akzente sind das Geheimnis eines Terrassenambientes voller Esprit und Charisma. Bewusst wird auf gelbe, orange und rote Farbtöne weitestgehend verzichtet, wenn's mal ein bisschen mutiger zugehen darf. Wie die Farben der tropischen Cocktails sind Blatt- mit Blütenpflanzen gemixt. Dabei müssen es keineswegs ausgefallene Pflanzen sein, um den tropisch-exotischen Geschmack zu treffen. Allein die richtige Blütenfarbenmixtur bringt den Urlaubskick.

◁ *Ungewöhnlich sind sie, doch sie bringen Dschungel-Stimmung: Keramikgefäße mit Wasser gefüllt und Wasserpflanzen. Hier sind es lila blühende Wasserhyazinthen und Entengrütze für die grüne Oberfläche.*

▷ *Entspannung inmitten von Blüten und Blättern. Aus den hohen Granitkübeln mit Kartoffelstrauch ranken zweifarbige, weiß-violette Petunien, dazu pinke Edellieschen, Australische Gänseblümchen, zartvioletter Elfenspiegel, kleinblütige Petunien und Buntnesseln.*

△ *Über den Köpfen eine Ampelbepflanzung in passender Farbzusammenstellung: zweifarbige Petunien, weißes Männertreu, sowie blaue Torenien.*

◁ *Violette Farbtupfer mit Weiß aufgehellt. Vor grünem Hintergrund bringen zweifarbige Petunien, weißer Oleander, sowie weißes Männertreu, violette Torenien und Australische Gänseblümchen die coole, erfrischende Stimmung.*

▷ *Sitzplätze, wie sie schöner nicht sein können: pinkfarbene Dahlien, violette Vanilleblumen, dunkelpurpurne Hängegeranien, Celosien, zweifarbige Petunien sowie dunkellaubige Purpurglöckchen bilden ein Szenario, das aus einer fernen Welt zu stammen scheint.*

◁ *Das idyllische Plätzchen im Grünen birgt Urlaubswellness pur. Die Zutaten sind hellgrüne Buntnesseln, unterpflanzt mit geädertvioletten Petunien, weißen Edellieschen, blauem Männertreu, lila Salvien sowie Blauschwingelgras.*

Katalanisches Sonnenzimmer

Sitzplätze, bei denen der Sommer zu Gast ist

Leben, Genießen, Wohnen im Freien. Wenn das Thermometer Rekordhöhen nicht mehr verlässt, spielt sich das Leben im Freien ab. Unter Schatten spendendem Vordach oder unter Schirmen versetzen moderne Korb- oder Holzmöbel sowie Terrakottagefäße in ein Lebensgefühl, das man sonst nur aus dem sonnenverwöhnten Spanien kennt. Ambiente für Fernwehgeplagte.

Wer Freude an seinen blühenden Statisten haben möchte, muss auf eine regelmäßige und ausreichende Wasserversorgung achten. Dünger in Form einer Flüssignahrung gehört genauso dazu, wie die erfrischenden Getränke für die Sommergäste. Die Sommerblüher werden eine gute Pflege mit reichlichem Blütennachschub danken und so die Sitzplätze im Freien zu Oasen der Begegnungen machen, die man gerne aufsucht.

◁ *Einladend wirken Mobiliar und Bepflanzung in den warmen Farben des katalanischen Sommers. Meeting von gelb, weiß und orange blühenden Gauklerblumen, apricotfarbenen Kapkörbchen und alles umspielt von grazilen Halmen des Federborstengrases.*

▷ *Viele unterschiedliche Bepflanzungen bilden ein einladendes, buntes Bild, in dem sich gut plaudern lässt. Dabei finden Gazanien, Wandelröschen und Gauklerblumen zueinander. Im Hintergrund eine Bepflanzung aus Strohblumen mit Süßkartoffeln.*

△ *Blütenreicher Ausblick auf ein Gefäß mit hellgelben Rosen, Husarenknöpfchen und Mini-Petunien. Daneben groß- und kleinblütige Petunien in Rot.*

◁ *Mal in anderer Kombination kommen Begonien zu neuen Ehren. Hier in Rot und Gelb, dazu zwei verschiedene Sorten Fuchsien.*

▷ *Was sich oben farblich in einer gemeinsamen Bepflanzung befand, ist hier auf unterschiedliche Gefäße verteilt. Vorne ausschließlich Rot bepflanzte Töpfe, im Hintergrund ein Kübel ganz in Gelb. Die Rotkombinationen setzen sich aus Fuchsien, Begonien und dunkellaubigen Purpurglöckchen zusammen. Im Hintergrund ein gelbes Gefäß mit Begonien und Federborstengras.*

◁ *Nicht in statischer Reihe sondern unkompliziert und wie zufällig werden die Gefäße platziert. Reizvoll ist ihre unterschiedliche Bepflanzung. Vorne: rote Petunien, orangefarbene Gazanien, Mini-Petunien. Mitte: gelbblühender Zierklee mit dunklem Laub, cremeweiße Kapkörbchen, dunkelviolette Geranien. Hinten links: Mini-Petunien, gelbe Husarenknöpfchen, dunkelviolette Geranien. Hinten rechts: rote Mini-Petunien mit hellroten Petunien.*

Katalanisches Sonnenzimmer

▷ Auch in luftiger Dachgeschosshöhe lassen sich südländisch inspirierte Freiplätze gestalten. Das leichtere Holzgestühl wird sowohl von hohen, schlanken als auch von kleineren Gefäßen begleitet. Lavendel, Salbei, Funkien mono in Körben und Töpfen, Gazanien und Husarenknöpfchen in rundlichen Keramiktöpfen, Schwarzäugige Susanne in schlanken Terrazzogefäßen sowie Mini-Petunien in einem Füllhorn. Auf dem Tisch Elfenspiegel.

▷ Für eine blumige Umspielung über den Köpfen sorgen entweder Stämme, an denen die Schwarzäugige Susanne hochklettern kann oder sogar Ampelbepflanzungen mit dieser rank- und blühfreudigen Sommerblüherin. Ihre unermüdliche Blühwilligkeit lässt orange-gelbe Kaskaden entstehen, die weithin ihre Reize ausstrahlen.

◁ Outdoorzimmer in luftiger Höhe. Sind Freiplätze in Dachetagen ausreichend groß, fühlt man sich geschützt und frei wie in einem Garten. Der Blick in die Baumkronen, sowie die zahlreichen bepflanzten Gefäße um die Sitzecke lassen lauschige Bereiche entstehen, die zum stundenlangen Genießen einladen.

▽ Ein Füllhorn gestaltet aus einem Drahtgerüst mit trockenen Ranken birgt eine Fülle orangefarbener Petunien. Sicherlich eine besondere Art, ein Pflanzgefäß zu gestalten.

◁ *Kleinere Balkone müssen mit entsprechend weniger Bepflanzungen auskommen. Doch nutzt man die Gefäße zum Zusammenpflanzen mehrerer Blüher, entstehen auch hier intime Ecken für Sonnengenießer.*
Links: Gelbe Margerite mit Süßkartoffel sowie blauem Elfenspiegel, rechts neben dem Stuhl frischgrüne Buntnessel unterpflanzt mit lila Eisenkraut und ein kleineres Gefäß mit weiß gerandeten Funkien.

▷ *Schlanke, hohe Bepflanzungen sind ideal für kleinere, schmale Balkone, Durchgänge oder Terrassen. Hier ganz in warmem Gelb Schwarzäugige Susanne als Ranker mit Buntnessel und gelben Mini-Petunien. Dahinter Körbe bepflanzt mit dunkellaubigem, aber gelbblühendem Zierklee sowie Federborstengras mit Mini-Petunien.*

Herbst

14 Landliebe

Fülle des Herbstes in rustikalen Körben

Dem Herbst wird oft nicht die wahre Bepflanzungskompetenz zugeschrieben, doch zu unrecht! Denn diese Jahreszeit zieht alle Register! Einige Blumen entfalten jetzt ihre brilliante Blütenpracht, andere wirken über ihre besonderen Blattformen und -zeichnungen. Dazu gesellen sich leuchtender Beerenschmuck und grafische Gräser. Ansporn für Spätberufene.

Wenn die Pracht der sommerlichen Einjahresblüher mit den wieder kühler werdenden Tagen nachlässt, ist es höchste Zeit für eine generelle Veränderung. Jetzt heißt es: Sommer raus und Herbst rein! Als Gefäße bieten sich vor allem Körbe an, sie geben im ländlich-rustikalen Umfeld ein stimmiges Bild mit den typischen Herbstpflanzen.

◁ Markant, die blühenden Gräser in dem traditionellen Weidenflechtkorb. Dazu passend ein niedriger Holzkorb, bepflanzt mit Fetthenne, Glockenheide, Knospenblüherheide, Thymian, Felberich, Segge und Torfmyrte. Nahezu gleich bepflanzt, aber ergänzt um Günsel und Blauschwingelgras, präsentiert sich das alte, grün lasierte Tongefäß vorne.

▷▷ Für alle Bepflanzungen in Körben gilt: Das Geflecht muss durch Folie von innen vor der Feuchtigkeit geschützt werden. Nässe von außen trocknet in der Regel durch Wind schnell wieder und richtet wenig Schaden an. Dieser alte Wäschekorb bildet die Basis des kugeligen Ligusters, der mit verschiedenen farbig blühenden Chrysanthemen, sowie dunkellaubigen Purpurglöckchen, Thymian und einem Bärengras bepflanzt ist.

▷ Kaum eine Saison, in der Stiefmütterchen nicht ihre Leuchtkraft entfalten. Hier zusammen mit weißer Knospenblüherheide, Mühlenbeckien, rosa blühender Fetthenne, weiß-grüner Segge, sowie rot-gelb gerandeter Chamäleonpflanze.

◁ Wo Früchte in Feld und Garten gesammelt werden, sind Körbe nicht weit. Hier bieten sie den leuchtenden Chrysanthemen einen passenden Stand.

◁ Das Ensemble aus dunkelbraunen Körben, die aus festen Fasern gebildet sind, ziert durch verschiedene Größen und eine räumlich gestaffelte Präsentation. Links die Bepflanzung aus gelben Chrysanthemen mit lila Stiefmütterchen und rot-grüner Chamäleonpflanze, hinten rechts mit dunkelroten Chrysanthemen, vorne links mit Knospenblüherheide und weiß-grünem Kalmus, vorne die beiden kleinen Körbe mit Stiefmütterchen bzw. weiß-grünen Purpurglöckchen.

▷ Edel wirken die schlanken, rechteckigen und konisch zulaufenden Körbe aus einem Sisalfaden-Geflecht. Zu den hellen, fast silbrigen Gefäßen passt die Bepflanzung aus metallisch glänzenden Purpurglöckchen, gelbblühender Silberrandchrysantheme, hellgrünem Pfennigkraut, bordeauxfarbenen Stiefmütterchen und gelb-grün gestreiftem Schöterich. Rechts daneben Silberrandchrysantheme, Chrysanthemen, Kalmus sowie Thymian.

▽ Alternative Bepflanzung aus hellgelben Stiefmütterchen, Kalmus, Purpurglöckchen, Silberrandchrysanthemen und silbrig-grüner Segge.

▷ Natürlicher kann der Herbst kaum eingefangen werden. Die buschige Zaubernuss wird farbenfroh begleitet von Beeren tragender Rebhuhnbeere, gelb blühenden Chrysanthemen mit roter Mitte, sowie weiß gerandetem Salbei, frischgrünem Pfennigkraut und grazilem Kalmus als akzentuierende Blattschmuckpflanzen.

◁ *Blüten und Beeren leuchten hier um die Wette. Vorne links: gelb-schwarze Stiefmütterchen mit weißer Knospenblüherheide und grüngelber Kriechspindel. In der Mitte orange leuchtende Feuerdorn-Früchte, begleitet von Knospenblüherheide, weißen Chrysanthemen, Rebhuhnbeeren, Silberrandchrysanthemen, Miscanthus-Gräsern und Sibirischem Graubart. Rechts unter dem Miscanthus-Gras rot fruchtende Skimmien, rosa blühende Fetthennen, weiße Knospenblüherheide, dunkellaubiger Günsel und blaue Enziane.*

△ *Kleine Körbe sind nette Schmuckakzente auf dem Tisch, hier bepflanzt mit orangen Stiefmütterchen.*

▷ *Hier nimmt die Chrysanthemen-Bepflanzung die Quaderform der Körbe auf. Rechts rankt ein Feuerdorn am Spalier in die Höhe, umgeben von dunkellaubigem Günsel und Rebhuhnbeeren mit den roten Früchten.*

Herbstblüher in Gelb

Stiefmütterchen

Chrysantheme

Silberrandchrysantheme

Knospenblüherheide

1 Stiefmütterchen sind dankbare Blüher. Im Herbst beginnend, entfalten sie bis in den tiefen Winter hinein ihre Blüten. Ihre Sortenvielfalt ist schier unerschöpflich. 2 Chrysanthemen sind Herbstblüher par excellence. Sie leuchten in allen Farben und Größen. Bei guter Wasser- und Düngerversorgung widerstehen sie sogar den allerersten Winterfrösten. 3 Die Silberrandchrysantheme ähnelt ihrer Namensverwandten, wobei ihr Laub zusätzlichen Schmuck zu den knöpfchenartigen Blüten bringt. 4 Die grazilen, fast unscheinbaren Blütchen der Knospenblüherheide bilden farbige Rispen. Ihre Zartheit sowie ihr Polster bildender Wuchs bringen Abwechslung ins herbstliche Bepflanzungsbild und sind ideal für Basisbepflanzungen.

▽ Die dunklen, lasierten Weidenkörbe wirken robust und trotzen manchem Herbststurm. Ihr Formenreichtum verleitet zu vielseitigem Einsatz. Hier sind sie niedrig und kastig bepflanzt mit tigerartig gezeichnetem Miscanthus-Gras, dazu Lampenputzergras, braunlaubiger Segge, weißlicher Knospenblüherheide und gelben Stiefmütterchen mit braunem „Gesicht".

◁ Wenn's eher flach und Ton-in-Ton bleiben soll, gesellen sich zu den gelben Chrysanthemen gelblich grünliche Knospenblüherheide, Mühlenbeckien und Wilder Thymian. Daneben Stiefmütterchen und Fetthennen.

△ Drei hohe, konische Körbe bilden ein stattliches Ensemble vor der schlichten Hauswand. Der orange Feuerdorn bringt zusätzliche Höhe, so rücken auch die orangegelben Chrysanthemen, die Knospenblüherheide, der weiß gerandete Efeuvorhang sowie die Silberrandchrysanthemen ins Blickfeld.

▷ Wenn sich die Blüten im Garten zurückziehen und das Blattwerk durch herbstlichen Laubfall ausdünnt, bieten die hohen Körbe mit ihren schmückenden Bepflanzungen noch manche lauschige Sitzecke, in der sich die letzten Herbstsonnenstrahlen genießen lassen.

15 Erika und ihre Begleiter

Herbstklassiker mit purpurnem Glanz

In kaum einer anderen Jahreszeit kommen Pink oder Violett so zum Einsatz wie jetzt. Die Farbführer sind dabei zweifelsohne Eriken. Zu ihnen gesellen sich noch einige andere Blüher, die den Herbst so richtig das Leuchten lehren. Zusammen mit dem farblich wechselnden Laubkleid der Bäume und Sträucher und der Fülle interessanter Schmuckstauden brilliert diese Saison. Pretty in Pink!

Erika, die Herbstklassikerin, avanciert durch neue und blütenreiche Sorten zum herbstlichen Star. Aufgrund verschiedener Größen und Farben lässt ihr Formenreichtum keine Wünsche offen. Bis in den Winter hinein erhellt ihre Leuchtkraft die dunkler werdenden Tage, so dass sie in Pflanzenkombinationen als die dauerhafteste und robusteste Blüherin gilt. Auf ein humusreiches Topfsubstrat ist allerdings zu achten, das immer ausreichend feucht gehalten werden sollte. Denn Wassermangel ist der größte Feind der fragilen Staude mit der tausendfachen Blühpower.

◁ Erika pur in einem Korb – das allein schon repräsentiert den Herbst. Je nach Sorte sind die kurzen Triebe der Eriken dicht mit den leuchtenden Blütenglöckchen besetzt.

▷ Ihre stärksten Begleiter sind die Topfchrysanthemen und die Alpenveilchen. Beide Pflanzen haben ähnliche oder gleiche Farben aufzuweisen. So farbintensiv kombiniert, schaffen die dazu gepflanzte Fetthenne und das Blauschwingelgras, der Salbei sowie die gelb-grün gestreifte und violettblühende Strauchveronika im Hintergrund beruhigende Bereiche.

△ Der dunkellaubige Salbei als Blattschmuckpflanze zeigt einen Hauch von Purpur zwischen den pinkfarbenen Alpenveilchen, den Eriken und der violettblühenden Strauchveronika.

◁ Hellere Töne in Violett-Pink. Die reichblühenden Eriken sind unterpflanzt mit winterharter Besenheide, darüber thronen die Blütensterne der dunkelrosafarbenen Chrysanthemen.

▷ Ein Zierkohl in Pink und einer in Grün bestimmen diese Bepflanzung in einem Holzkorb. Sie begleiten die Eriken, die strahlenblütigen Chrysanthemen, das Blauschwingelgras und die Drahtpflanze.

◁ Pink, violett, purpur, erikafarben oder rot? Die Bezeichnungen sind vielfältig für dieses Farbszenario. Die Erika wird begleitet von Alpenveilchen, Chrysanthemen in gleicher Farbe, von dunkelrosa blühender Fetthenne, Blauschwingelgras und der mit rötlichen Blättchen besetzten Zwergmispel. In den anderen Gefäßen finden sich Celosien, Herbstastern mit gelber Mitte, ein violetter Zierkohl, sowie Fetthenne. Im Vordergrund dunkelbordeauxfarbene Chrysanthemen und violettgrüner Salbei.

15 Erika und ihre Begleiter

▽ Vorne eine Monobepflanzung mit pinkfarbenen Chrysanthemen. Das Pendant ist gemixt bepflanzt. Der Schneebeerenstrauch wird begleitet von Farnen, pinkfarbenen Alpenveilchen und einer Zickzackpflanze.

◁ Elegantes Kugeltrio: Die glasierten Keramikgefäße sind mal mono mit Chrysanthemen, mal gemischt mit Efeu, rot- und weißblühender Erika, Zickzackpflanze, Besenheide und Strauchveroniken bepflanzt.

△ Alpenveilchen und Glockenheide blühen erhaben über den zartblättrigen Ranken der Mühlenbeckien.

▷ Gelungen ist die monochrome Bepflanzung mit Eriken und Knospenblüherheide in dem vorderen schlanken Gefäß, passend zu dem aufstrebend bepflanzten Gefäß mit Miscanthus-Gras, Alpenveilchen, Fetthennen und Segge.

△ Die Erikapflanzen sind schnell in solch flexible Textilübertöpfe gestellt und zieren damit sitznahe Bereiche. Eine kurze Zeit können solche Gestaltungen auch die Innenräume schmücken, dann ist vor allem auf gute Wasserversorgung zu achten.

◁ Gestalterisch nimmt der kugelig geformte Buchsbaum zu der eher flachen Erikapflanzung Bezug. Eine Formentsprechung, die sich mehrfach in einem Gartengelände oder auf der Terrasse wiederholen könnte.

△△ Eine klare Gestaltung: Kleine, kastenförmige Gefäße mit Knospenblüherheide, Farnen, Fetthenne oder Zierkohl können sich in beliebiger Abfolge und Zusammenstellung auf einem Sims anordnen.

▷ Die gemischt bepflanzten Gefäße bestehen aus Lorbeer-Hochstämmchen mit Knospenblüherheide, Efeu und Stiefmütterchen bzw. aus Alpenveilchen mit Mühlenbeckien und Glockenheide. Vorne im Kasten finden sich Purpurglöckchen, Pfennigkraut, Strauchveronika und Fetthenne.

△ Kleine Kostbarkeiten in guter Sichthöhe auf der Fensterbank: Edelweiß mit Drahtpflanze und Knospenblüherheide.

◁ Neben der zartrosa blühenden Herbstanemone gesellen sich zur Monobepflanzung aus Knospenblüherheide noch Irische Glanzheide, Kugelamarant und Chamäleonpflanze.

▷ Eine Farbkombination der besonderen Art: Die Knospenblüherheiden sind mit dem kleinblättrigen Goldrandthymian, mit Buntsalbei, dem fast schwarzbraunen Mahagonigünsel sowie weißblühender Strauchveronika kombiniert.

◁ Die pinkfarbenen Heidegewächse können auch mit Pflanzen einer anderen Farbwelt kombiniert werden, beispielsweise weißlichen oder silbrig wirkenden Pflanzen. Besonders augenfällig hier in Kombination mit den Edelweiß-Pflanzen, mit silbriger Drahtpflanze, lila Herbstastern und Segge. Unten mit Irischer Glanzheide, weißem Felberich, grüner Chamäleonpflanze und weißem Kugelamarant.

Eleganter Herbst

Helle Dekorationen für die dritte Jahreszeit

Wer meint, der Herbst könne nicht auch ruhig, zurückhaltend und monochrom sein, der irrt. Liebhaber der Ton-in-Ton-Harmonien kommen auch in dieser Jahreszeit nicht zu kurz. Ob man es als Avantgarde bezeichnet oder nur die Lust auf eine andere Dekoration, in jedem Fall geht's hier hauptsächlich unbunt zu. Starrolle für das Herbstgrau.

Unbunt heißt nicht, dass es keine Farben mehr gäbe. Wer genau hinschaut, entdeckt neben unterschiedlichen Grüntönen jede Menge anderer Farben, allerdings nur in geringer Dosierung. Es darf schon mal ein gelb geranderter Salbei dabei sein oder ein gelb-grün gestreiftes Gras. Bei dieser Farbzurückhaltung kommt dafür die Formenvielfalt umso besser zur Geltung. In den passend schlichten, neutral wirkenden Gefäßen gewinnt das Spiel der Linien und Flächen durch Gräser und Blätter an besonderer Bedeutung.

◁ Den struppeligen Drahtpflanzen im linken Gefäß ist eine vielgestaltige Kombination im anderen Gefäß gegenüber gestellt. Hier zieren weiße Chrysanthemen, weiße Knospenblüherheide, weiß-gelber Salbei und grün-rötlicher Felberich.

▷ Das samtige Silberblatt ist auch haptisch ein besonderes Vergnügen. Optisch reizt es durch seine gefiederten und gebuchteten Blätter. Links präsentiert es sich mono, rechts in Kombination mit weißer Knospenblüherheide, Alpenveilchen und silbrigem Currykraut.

△ *Eine moderne, schlichte Kübelform, die flach und im unterproportionierten Mengenverhältnis zum Gefäß bepflanzt ist mit weißen Chrysanthemen, Silberblatt, weißer Knospenblüherheide, weiß-grünem Salbei und Felberich.*

◁ *Eine unbelebte Hausecke, ein Eingangsbereich oder andere schmale Durchgangsbereiche lassen sich mit einem Hochstämmchen, hier Lorbeer, attraktiv aufwerten. Die rechteckigen Zinkkübel sind mit weißen Alpenveilchen, Purpurglöckchen, Knospenblüherheide, Silberblatt, Felberich und Drahtpflanzen bepflanzt.*

▷ *Der Wermut mit seinen filigranen Blättern ist eine der attraktivsten Blattschönheiten aus dem silbrigen Farbprogramm. Hier korrespondiert er mit dem silberweißen Heiligenkraut, den weiß blühenden Chrysanthemen und Knospenblüherheide, sowie den Nadelgehölzen, einer niedrigwachsenden Scheinzypresse und einer Bergkiefer.*

◁ *Harmonie in Weiß. Hiervon werden auch modern ausgerichtete Menschen angesprochen. Entscheidend ist, dass konsequent die Gefäßauswahl mit dem monochromen Bepflanzungskonzept eingehalten wird. Perfektion also im Zusammenspiel von weißblühenden Alpenveilchen, Chrysanthemen und Knospenblüherheide mit Drahtpflanzen, Felberich und Currykraut.*

△ *Hier kommen die weißen Beeren der Torfmyrte ganz groß zur Geltung. Dabei silbriger Wermut, Felberich, niedrig wachsender Felberich und Currykraut.*

▽ *Betongefäße, weiß gekälkte Kübel oder wie hier die grau gesprenkelten Terrazzogefäße passen perfekt zur herbstlichen Avantgarde-Bepflanzung. Hier mit weißen Chrysanthemen zu graugrünem Salbei, Knospenblüherheide und Heiligenkraut.*

Blätter, Beeren und Gräser für die herbstliche Eleganz

Weißbunter Kalmus

Torfmyrte

Drahtpflanze

Gefleckte Traubnessel

Silberstrohblume

Heiligenkraut

Efeu

Silberglanznessel

16 Eleganter Herbst

△ Steingefäße mit Kleinoden bepflanzt. Links eine Fetthenne, die durch ihren skurrilen Wuchs die Blicke auf sich zieht, rechts ein kleiner Zierkohl mit Blauschwingel- und Miscanthus-Gras.

▽ Ist die Umgebung cooler und nüchterner, darf es bei der Bepflanzung etwas „wärmer" zugehen. Die Holzgefäße besitzen eine natürliche Patina durch Verwitterung und sind mit blühendem Lampenputzergras bepflanzt. Die knorrigen Zweige sind eine kleine dekorative Akzentuierung. Rechts davor ein Minigefäß mit einem Blauschwingelgras-Polster.

◁ Weiß ist nicht gleich Weiß, das stellen diese weiß-grauen Blattschmuckpflanzen unter Beweis. Von links nach rechts: Spindelstrauch, weiß-grüner Zierkohl, weiß-grüner Efeu, silbriges Heiligenkraut, weiß blühende Herbstastern und ein Wolfsmilchgewächs.

▷ Die interessanten Silhouetten der Bambusblätter, das Lineare und sanft Ausschwingende des Pampasgrases sowie die silbrige Vielblättrigkeit des Lavendels machen die Anmut dieser kleinen Sitzecke aus. Zurzeit schmückt eine Knospenblüherheide in einem Drahtgitterkorb das Tischchen.

◁ Herbstliche Pracht in attraktiver Formenvielfalt aber ganz farbharmonisch in einem breiten glasierten Kübel: Segge, Zierkohl, weißgrüner Efeu, Veronika, Drahtpflanzen, zweifarbiger Salbei, Knospenblüherheide und Erika, blühende Segge und Thymian.

▷ Grüne, gelbe bis weiße Pflanzkombination in dem Alukasten am modernen Zinkrohrgeländer. Flächige Zierkohle im Wechsel mit weißbuntem Kalmus. Hängender Efeu in zweierlei Blattformen wetteifert mit gelbgrünem Pfennigkraut dazu Besenheide.

◁ Vor der Wohnzimmerterrassentür bildet das Trio einen interessanten Anblick. Die unterschiedlichen Formen passen dennoch aufgrund des gleichen Gefäßmaterials zusammen. Die Bepflanzung besteht aus: Zierkohl, Bergenien, Miscanthus-Gras, Salbei, Drahtpflanze, Efeu, Wildem Majoran und Glockenheide.

▽ Glänzende Bergenienblätter und der Zierkohl sind mit Glockenheide und Miscanthus-Gras zusammengepflanzt.

17 Goldener Herbst

Outdoor-Dekorationen zum Wohlfühlen

Wenn die Tage kürzer werden, es später hell und früher dunkel wird, gibt es einen Grund mehr für ein Plätzchen, das mit Farben die Seele erfreut. Mehr denn je entsteht der Wunsch nach einem Gefühl wohliger Gemütlichkeit. Auch hierfür hält das herbstliche Blüten-, Stauden- und Gräsersortiment jede Menge Varianten bereit, die den Herbst zum Leuchten bringen. Oasen gegen die Tristesse.

Entsprechend der goldenen Jahreszeit orientieren sich die Farben der Behältnisse an warmen und gedeckten Tönen. Gut zum ländlichen Ambiente passen Gefäße mit leicht verwischten, rauen oder handwerklichen Oberflächen. Für eine zusätzliche Dekoration eignet sich Mitgebrachtes vom Herbstspaziergang, wie Äpfel oder bunt gefärbtes Laub. Als Highlight und besonderer saisonaler Blickfang zieren Kürbisse in unterschiedlichen Formen und Farben die herbstlichen Bepflanzungen.

◁ Die vordere breite Tonschale ist mono mit Knospenblüherheide bepflanzt. Dahinter sorgen gelbe Silberrandchrysantheme, violette und hellgrüne Fetthenne sowie blaublühende Bleiwurz zusammen mit der orangefarbenen Dahlie für die Highlights. Die herbstliche Atmosphäre wird durch verschieden farbige Zierkürbisse abgerundet.

▷ Der Balkon präsentiert ein warmes und gemütliches Ambiente. Der Weidenkorb ist mit Segge, Besenheide und Chrysanthemen bepflanzt. Diese herbstlichen Farben wiederholen sich im hängenden Holzkasten. Dort geben sich Chrysanthemen, Purpurglöckchen, Johanniskraut, Rebhuhnbeere und Skimmie von Efeu umrankt ein Stelldichein. Im Korb rechts daneben wächst erhabener Feuerdorn mit Miscanthus-Gras, sowie Efeu, Silberrandchrysanthemen und Pfaffenhütchen.

◁ Im gemischt bepflanzten großen Kübel mit Verzierungen gesellen sich Segge, Purpurglöckchen, weiß-grüner Salbei, Veronika und Chrysanthemen zur dunkelroten Dahlie. Als Kontrast dazu passt die rostrote Monobepflanzung mit Chrysanthemen. In den glasierten Tongefäßen finden sich neben rosaroten Chrysanthemen und gelben Silberrandchrysanthemen auch violetter Kugelamarant und immergrüne Wolfsmilch. Dazwischen: Bergenie mit Drahtpflanze, Efeu und Heide im Terrakottatopf.

▷ Den Lieblingsplatz im herbstlichen Garten dominiert die Dahlie. Dazu gesellen sich vorne links Bergenien, Drahtpflanzen, Efeu, Chamäleonpflanze und Knospenblüherheide in Tongefäßen, dahinter Chrysanthemen in zweierlei Farben, sowie auf dem Tisch eine Schale mit Salbei, Günsel und Bleiwurz.

△ Dekorative Akzente setzt dieses Ensemble: Die Fetthenne blüht im Laufe der Zeit in einem leuchtenden Ziegelrot.

▽ Garantiert ein Hingucker: Kürbis umgeben von Efeu, orange-apricotfarbenen Stiefmütterchen, Purpurglöckchen, blühender Fetthenne, Knospenblüherheide und Thymian.

▽ *Die Chamäleonpflanze im quadratischen Terrakottatopf macht aufgrund ihres Laubkleides für sich schon einen guten, farbenfrohen Eindruck.*

△ *Ein Plätzchen für Mußestunden, gemütlich begleitet von einer Schale, bepflanzt mit Segge, Silberrandchrysanthemen, Chrysanthemen, Knospenblüherheide und Bleiwurz.*

◁ *Das Trio aus gleichen Gefäßen mit orange blühenden Chrysanthemen, Granatapfel, Knospenblüherheide, Enzian und Chamäleonpflanze macht sich vor kahlen Wänden besonders gut.*

▷ *Genau das richtige Plätzchen, um den Alltag hinter sich zu lassen: Hier gruppieren sich Granatapfelbäume, Chrysantheme, Chamäleonpflanze, Knospenblüherheide und Enzian. Überragt wird die Truppe vom hochstämmigen Feuerdorn. Im Vordergrund: Sonnenhut.*

△ Stillleben in einem Holzkorb. Segge mit rostroten Chrysanthemen, Skimmien, Rebhuhnbeere und Besenheide repräsentieren den Herbst.

◁ Das kleine Weidenkörbchen in dem Stilllebenmotiv vom nebenstehenden Bild ist eine Welt für sich. Eingebettet in Moos finden sich hier gelbe Silberrandchrysanthemen, rostrote Chrysanthemen, Rebhuhnbeeren und das gelbliche Pfennigkraut.

▷ Hier wirken vor allem die Beeren vom Feuerdorn, darunter die des Johanniskrautes, die bunten Blätter der Chamäleonpflanze und der Zwergmispel sowie die samtigrot blühende Fetthenne.

◁ An so einem lauschigen Platz lässt es sich gut aushalten. Bewacht wird man von einem hohen Terrakottakübel, der mit roten Dahlien, gelben und roten Chrysanthemen, Günsel, Chamäleonpflanze, Purpurglöckchen und Fetthenne bepflanzt wurde. Rundherum gesellen sich außerdem mono bepflanzte Gefäße mit dunkellaubigen Purpurglöckchen, Stiefmütterchen und Chrysanthemen dazu. Im orangefarbenen Henkelkorb haben sich Knospenblüherheide, Segge, Purpurglöckchen und Buntnessel arrangiert.

△ Ein Hanging Basket mit gelben Chrysanthemen, gelben Silberrandchrysanthemen, Silberblatt, Günsel, Schöterich, Wolfsmilch, Mühlenbeckie und Erdbeere.

◁ Thymian, Majoran und Efeu begleiten die gelbblühenden Silberrandchrysanthemen und eine Chrysanthemensorte, die mit brauner Mitte blüht. Auffällig sind die langgestielten, gelbblühenden Trommelschlägel.

▷ Pfennigkraut, gelbgrüner Salbei, Knospenblüherheide, Efeu und Miscanthus-Gras umrahmen gelb-braune Chrysanthemen und Silberrandchrysanthemen.

◁ Die letzten warmen Sonnenstrahlen werden neben der Herbstbepflanzung in ebenso warmen, sonnigen Tönen genossen: Miscanthus-Gras, Efeu, orangegelbe Chrysanthemen, Pfaffenhütchen, gelbblühende Trommelschlägel und Erika.

△ *Orangefarbene Chrysanthemen leuchten mit den Früchten von Skimmie und Rebhuhnbeere um die Wette. Dazu Besenheide und gelbgrüne Segge.*

▽ *Die Berberitze hat sich bereits in Purpur gehüllt. Das Farbspiel ergänzen orangefarbene Stiefmütterchen, bordeauxfarbene Purpurglöckchen, Besenheide und orangefarbene Chrysanthemen.*

◁ *Schön ist hier die unterschiedliche Staffelung der Bepflanzung. Oben zieren gelbblühende Trommelschlägel, Pfaffenhütchen und die Segge, aus der Mitte leuchten orangefarbene Chrysanthemen und Besenheide, den Topf umspielen die Ranken des grünen Efeus.*

▷ *Ein Korb voller Herbst! Dahlien und Chrysanthemen, sowie Silberrandchrysanthemen, Knospenblüherheide und das Lampenputzergras sind die blühenden Komponenten, zu denen sich das Pfennigkraut, der Günsel und Besenheide gesellen.*

18 Indian Summer

Leuchtende Lichtblicke für kühle Tage

Wer nicht jederzeit den Blick frei in die Landschaft schweifen lassen kann, verspürt den Wunsch, das sich wandelnde Kleid der Jahreszeiten wahrzunehmen. Balkon- oder Terrassenbepflanzungen mit Blättern und Blüten in leuchtender Herbstgala ist da ein Lichtblick und eine realisierbare Alternative. Entdeckungen für Farbmutige.

Die herbstliche Brillanz weckt auch den größten Farbmuffel. Wer sich das Indian Summer-Ambiente auf die eigene Terrasse holen will, braucht Mut zu Farben und neuen Pflanzkombinationen. Die Natur tut ein Übriges, denn das Farbspektakel einiger Laubgehölze mit ihrem sich wandelnden Blätterkleid ist der beste Herbstmaler. Wo immer es sich machen lässt, sollten also Sträucher integriert werden, um in diesen wechselnden Farbgenuss zu kommen.

◁ Adel verpflichtet, möchte man angesichts dieser royalen Couleur denken. In Purpur prunken Alpenveilchen, Knospenblüherheide, Veroniken, Purpurglöckchen, dazu blaue Enziane, Wolfsmilch und Zierkohl.

▷ Am rötlich überhauchten Blätterkleid des Hartriegels lassen sich die Tage abzählen, die ihm der Herbst noch gewährt. Ihm leuchten pinkfarbene Chrysanthemen, blaue Enziane, dunkler Mahagonigünsel, Purpurglöckchen und Fetthennen entgegen.

◁ Angestrahlt von der tief stehenden Herbstsonne werden die Gefäße in den unterschiedlichen Höhen zu wahren Lichtblicken. Sie sind bepflanzt mit Knospenblüherheide, Chrysanthemen, Purpurglöckchen, Alpenveilchen, Günsel, Sedum, Wolfsmilch und Fetthennen.

▷ Pinkfarbene Veroniken werden begleitet von einem Farbspektakel in Blau-Violett. Dabei sind Enziane, Chrysanthemen, Knospenblüherheide und Blattstauden wie Günsel und Efeu.

◁ Die ochsenblutroten Blätter des Perückenstrauchs geben den Alpenveilchen, Chrysanthemen und der Knospenblüherheide optische Rückendeckung. Dazu gesellen sich Purpurglöckchen, sowie weiß-grüner Salbei.

▽ Im Hanging Basket haben Purpurglöckchen, Fetthenne und das gelbgrüne Pfennigkraut einen edlen Begleiter: Der Enzian strahlt in Royalblau und erzeugt so einen wunderbaren Farbkontrast zu den Purpurtönen. Ebenfalls in blau leuchtet die Bleiwurz.

◁ Der Indian Summer des nordamerikanischen Kontinents könnte nicht farbenprächtiger sein! Die Vielfalt aus Fetthenne, Astern, Purpurglöckchen, Knospenblüherheide, Zierkohl, Glockenheide, Efeu und verschiedenen Gräsern macht's.

▷ Die Gefäße sind immer nach dem gleichen Prinzip bepflanzt. Die leichten Variationen verleiten zum genauen Hinschauen und Vergleichen. Über allem beruhigt das Tiefdunkelviolett des Japanischen Fächerahorns als Halbhochstamm.

◁ Würdevoll thront die Fetthenne über immergrünem Efeu und buntlaubigen Stauden, wie samtigen, dunkelroten Purpurglöckchen, violettweißem Günsel und Segge. Die Chrysanthemen und Knospenblüherheide leuchten darüber hinweg.

▽ Zum Lichtblick auf dem Mauervorsprung wird der kleine Terrakottatopf, der dicht bepflanzt ist mit Efeu, Veronika, Alpenveilchen, Eriken, Fetthenne sowie Chrysanthemen und Pavonien.

△ Kaum eine Bepflanzung, die nicht als Hanging Basket ebenso genutzt werden kann, zumal Günsel und Efeu sich an den Korb anschmiegen. Die Höhe beanspruchen Fetthennen, Chrysanthemen, Segge, Bergenien, Knospenblüherheide und Euphorbie.

◁ Körbe voller Herbst! Dazu bekennen sich Purpurglöckchen, violett blühende Fetthenne, Beeren tragende Torfmyrten, Chrysanthemen, Veroniken und Günsel.

▷ Das Leuchten der dritten Jahreszeit ist unüberbietbar präsent in den kleinen Lampions, die der Pflanze auch ihren Namen geben. Dagegen müssen Alpenveilchen und Chrysanthemen schon Blütenmengen aufbieten. Außerdem dabei sind Fetthenne, Besenheide, Mühlenbeckien und Rebhuhnbeere.

◁ Die Triebe des dunkelrotbraunen Perückenstrauches werden begleitet von Günsel, Chrysanthemen, Knospenblüherheide, Efeu, Rebhuhnbeere und Fetthennen. Ganz im amerikanischen Indian Summer-Stil passt in dieses Outdoor-Stillleben auch noch ein Kürbisgesicht.

▽ Wenn es etwas moderner zugehen darf, kommen helle, schlichte Gefäße zum Einsatz, in denen Chrysanthemen und Heide zusammen mit Salbei, Mühlenbeckien und Silberblatt ihr Stelldichein geben.

◁ Das Purpur der Purpurglöckchen wetteifert mit dem Pink der Alpenveilchen. Harmonierend wirken Silberblatt, Salbei, Mühlenbeckien, Fetthenne sowie weiße Glockenheide und zartrosafarbene Knospenblüherheide.

△ Das bauchige Gefäß nimmt viele Herbstblüher auf. Neben Fetthenne, Irischer Glanzheide, Silberblatt, Mühlenbeckien und Alpenveilchen das alles überragende zarte Miscanthus-Gras.

▷ Die graue Drahtpflanze macht ihrem Name alle Ehre. Im Miteinander blühender und blättriger Stauden bereichert sie das Formenspiel. Ihre Gefährten sind Irische Glanzheide, Segge, Fetthenne, Chrysanthemen, Mühlenbeckien, Silberrandchrysanthemen und Buntsalbei.

△ Der purpurne Perückenstrauch thront über orangegelben Stiefmütterchen, pinkfarbenen Alpenveilchen, violetter Knospenblüherheide, Chrysanthemen und grünen Mühlenbeckien. Dabei auch grüne Besenheide und Gräser.

◁ Schnell kann auch mal die Blüherin im Mittelpunkt gegen eine anders blühende Chrysantheme ausgetauscht werden. Ihre Begleiter wie Purpurglöckchen, Heide und Rebhuhnbeere bleiben dann allerdings weiterhin als Basisbepflanzung dabei.

▷ Alpenveilchen, die dieses Mal die übrigen Begleiter dominieren: Chrysanthemen, Irische Glanzheide, Drahtpflanze und Günsel.

◁ Rote, violette und sogar orangegelbe Töne vereint der Indian Summer. Hier zusammen gestellt aus Berberitze, Fetthenne, Knospenblüherheide, Mühlenbeckien, Stiefmütterchen und kleinblättrigem Thymian.

△ Die strahlenblütige Chrysantheme bringt Abwechslung ins Sortiment. Die gestaffelte Bepflanzung gibt jeder Pflanze ihren Raum zur Entfaltung: Günsel, Eriken, Salbei und Miscanthus-Gras.

◁ Bis in den Winter hinein darf an diesem exponierten Ort das Ensemble aus Torfmyrte, Glockenheide, Besenheide, Fetthenne, Segge, Strauchveronika und Efeu Platz nehmen als Lichtblick des Herbstes.

◁ Optimistisch stimmender Lichtpunkt an dunkler werdenden Herbsttagen, bestehend aus Chrysanthemen, Veronika, zweierlei Günsel, Torfmyrten und Skimmien.

▷ An den leuchtenden Dahlien und Chrysanthemen kann man gar nicht vorrüber gehen, ohne sie eines Blickes gewürdigt zu haben. Davon profitieren auch der Zierkohl, der blaublühende Salbei, Efeu und Purpurgünsel.

▷ Letzte Sonnenstrahlen fängt ein kleiner Terrakottakasten mit heller Lasur ein. Das bringt die Chrysantheme, den buntlaubigen Günsel, Salbei, Efeu und Thymian zum Leuchten.

◁ Die Silberrandchrysanthemen mit ihren schön geformten Blättern begleiten die blühenden Topfchrysanthemen. Die Segge, die Fetthenne und der Salbei sind weitere Pflanzgefährten.

▽ Hier harmonieren Fetthenne, Knospenblüherheide, Günsel, Silberrandchrysanthemen und Glockenheide miteinander. Dazu passt dann auch ein Kürbis als saisonales Highlight.

◁ Lieblingsplätze werden jetzt im Herbst mit Lieblingsbepflanzungen besetzt: Kleinblumige Chrysanthemen, Veronika, Thymian, Pfennigkraut, Wilder Majoran und Miscanthus-Gras. Das gibt einen Augen- wie Nasenschmaus gleichermaßen.

Winter

19 Winterstimmung

Die Mitspieler von Väterchen Frost

Selbst im Winter hält die Natur jede Menge attraktiver Pflanzen bereit, die Lichtblicke während der kalten Wochen und Monate bieten. Von knorrigen Zapfen umspielt und zarten Schneeflocken begleitet, entstehen winterliche Stillleben, die dem Frost trotzen. Das Angebot an Blühendem ist naturgegeben gering, dafür gewinnt die Wirkung der Pflanze als solche an Bedeutung. Attraktiver Minimalismus für coole Tage.

Nicht umsonst heißt sie Christrose und hat trotz ihres bescheidenen Auftrittes die Herzen vieler Pflanzenliebhaber erobert. Neben dieser Winterblüherin gibt es jedoch noch einige andere, die der kargen, unwirtlichen Jahreszeit Glanz verleihen. Hinzu kommen beerentragende Gehölze, die für Abwechslung auf den nun menschenleeren und unbelebten Outdoorplätzen sorgen.

◁ Ein Ensemble aus einem Reisigkränzchen und Kiefernzapfen. Sie begleiten den mit trockenem Gras umkränzten Topf einer großen Christrosenstaude. Ihre Blüten werden bis weit ins Frühjahr hinein alle Betrachter mit Freude erfüllen.

◁ Wenn drinnen das Feuer knistert, wärmt draußen der Anblick einer mit roten Akzenten durchsetzten Kastenbepflanzung die Gemüter. Purpurglöckchen wechseln sich mit Muschelzypresse, Drahtpflanze, Skimmie, Efeu und Rebhuhnbeere ab. Der Boden ist mit Moos abgedeckt.

▷ Eine weitere blühende Vertreterin der kalten Jahreszeit: das Schneeglöckchen. Seine Zartheit unterstreicht das kleine Töpfchen, das Stroh umwickelt mit den jetzt leeren Tontöpfen ein stimmungsvolles Arrangement bildet.

▷▷ Ein Holzkorb nimmt hier die Christrosen zusammen mit Spindelstrauch und Wolfsmilch auf. Wenn's auf Weihnachten zugeht, kann zusätzlich ein goldener, witterungsbeständiger Holzstern einen Schmuckakzent setzen.

◁ Das Verpacken von Gefäßen, die im Winter draußen bleiben können, mit Jutesäcken, Moos, Stroh oder anderen Materialien, ist ein wichtiger Schutz gegen die zerstörende Kraft des Frostes. So gewärmt, nehmen die Wurzeln dieser Pflanzen keinen Schaden. Dabei sind Ilex, Torfmyrte, Hebe, Lavendelheide und Skimmie. Die hinzu gesteckten roten Hartriegel-Zweige sind dekorative Elemente, die auch für Meisenringe, Heusterne oder andere Accessoires genutzt werden können.

▷ Der Kalmus ziert auf besondere Weise im Winter. Attraktiv dazu sind die mit Heu umwickelten und mit Band und Kränzchen verzierten Gefäße. Die Winteräpfel dienen manchem Vogel als Nahrungsquelle.

◁ Eine tolle Idee ist es, gleiche Topfpflanzen, wie hier die Rebhuhnbeere, mit unterschiedlichen wärmenden Ummantelungen zu versehen. Jute, Heu, Moos oder Stroh bieten sich an, die einfach mit einem bunten, kräftigen Faden umwickelt werden.

▽ Schutz und gleichzeitig attraktive Umhüllung bieten diese Korbgefäße, in die die Pflanzgefäße hineingestellt und die Zwischenräume mit Zeitungspapier, Stroh oder auch Luftpolsterfolie ausgefüttert werden. So übersteht der zweifarbige Ilex den Winter unbeschadet.

Winterstimmung

▷ Trotz winterlichem Schutz sehen die Pflanzen aus, wie fürs Fest geschmückt. Die bunten Bänder an dem um die Hochstammkiefer gebundenen Drahtkranz zieren ebenso, wie die im frostigen Wind flatternden Moosgummisterne, die die winterharten Kleingehölze zieren.

◁ Wenn die Zeit festlicher wird, darf sich auch winterlicher Outdoorschmuck mit witterungsbeständiger Zierde versehen. Die aus Moosgummi ausgeschnittenen Sterne werden auf Draht gefädelt und spiralig über die flache Schale mit Silberblatt, Drahtpflanze, Spindelstrauch und Christrosen gelegt.

▷ Miniweihnachtsbäume erhalten durch die Sternensticker eine festliche Note. Mit dem puscheligen Textilmäntelchen versehen, werden die Gefäße zu witzig-fröhlichen Hinguckern.

▽ Die Drahtpflanzen mit den Topfumkleidungen aus Schneewatte stehen den Tannenbäumchen in nichts nach. Zu mehreren als Reihe bilden sie stimmungsvolle Schmuckstücke auf dem winterlich verwaisten Patio.

Blühkalender nach Farben

Im Farbreigen der Blüten- und Blattfarben

Sie wollen Ihre Outdoor-Bepflanzung Ton-in-Ton oder in bestimmten Farbgruppen gestalten? Dann hilft Ihnen diese Zusammenstellung nach Farben. Allerdings: Viele der abgebildeten Pflanzen gibt es darüber hinaus auch in anderen Farben. Die Angaben der Angebots- und Blühzeiträume sowie die der Eignung sind lediglich Anhaltspunkte und können regional abweichen.

	Deutscher Name *Botanischer Name*	Schmuckwert	Angebotszeitraum Blühzeitpunkt	Eignung
	Schönmalve, Samtpappel *Abutilon Cultivar*	Glockenförmige Blüten, große, leicht samtige Blätter. Blüten: gelb, rosa, orange.	April - September blühend: Mai - September	Für solitäre Einzelbepflanzung auf dem Beet oder für Kübelbepflanzung.
	Sterngold, Goldtaler *Asteriscus maritimus*	Kräftig gelbe Blüten.	April - Juni blühend: Mai - August	Ideal für Beet-, Kübel- oder Kastenbepflanzung oder für Ampelbepflanzung. Eine Überwinterung lohnt sich nicht.
	Knollenbegonie *Begonia Cultivar*	Große, teilweise glänzende, gefüllte Blüten in vielen Farben erhältlich, manche mehrfarbig.	April - Juni blühend: Mai - Juni	Ideal für Beetbepflanzung, auch für Kübel- oder Kastenbepflanzung. Eine Überwinterung lohnt sich nicht.
	Ringelblume *Calendula officinalis*	Runde, gefüllte Blüten in Creme, Gelb, Orange bis Apricot.	April - Juni blühend: Mai - August	Ideal für Beet- und Kübelbepflanzung. Bildet Samen, die sich leicht aussamen.
	Mädchenauge *Coreopsis grandiflora*	Kräftig gelbe Blüten, die auch zum Schnitt geeignet sind.	Juni – September blühend: Juni – Oktober	Üppig blühende Staude, ideal für Beetbepflanzung mit geringem Pflegeanspruch.
	Feinblättriges Mädchenauge *Coreopsis verticillata*	Zarte Blüten in Hellgelb und Goldgelb und zartgliedriges, fiedriges Laub.	Mai – September blühend: Juni – September	Buschige Staude, ideal für Beet-, Kübel- und Kastenbepflanzung. Dauerblüher mit geringem Pflegeanspruch.

	Krokus, Frühlingskrokus *Crocus vernus*	Blüten in verschiedenen Farben, auch in Weiß, Violett, Blauviolett, Purpurn, auch zweifarbig und gestreift.	Januar – März	Für Beet-, Kübel- und Kastenbepflanzung.
	Goldlack, Schöterich *Erysimum Cultivar*	Einfache, kleine, aber viele Blüten in verschiedenen Farben, auch in Creme, Rosa, oft mit Farbverläufen.	März – Juni	Für Beet-, Kübel- und Kastenbepflanzung.
	Goldmargerite, Kapmargerite *Euryops chrysanthemoides*	Leuchtend gelbe Blüten.	April - Juli blühend: Juni - September	Für Beet-, Kübel- und Kastenbepflanzung.
	Kanarischer Ginster *Genista canariensis* *Syn. Cytisus canariensis*	Dunkelgelbe Blütenstände und gedrungener Habitus mit kleinen, zarten aber vielen Blättern.	Februar - April blühend: Mai bis Juni	Für Beetbepflanzung, für Bepflanzung großer Kübel.
	Sonnenblume *Helianthus annuus*	Große, sonnenblumenähnliche, einzelne Korbblüten in verschiedenen Gelbtönen, gelegentlich mehrfarbig.	März - Oktober blühende: Juni - Oktober	Für Beetbepflanzung, kleinere, gedrungen wachsende Sorten auch für Kübelbepflanzung.
	Strohblume *Helichrysum bracteatum*	Papierartige Blüten in verschiedenen Farben, wie weiß, gelb, orange, rot, rotbraun.	April - Juli blühend: Juni - August	Für Beet-, Kübel- und Kastenbepflanzung.
	Kapkörbchen, Kapmargerite *Osteospermum Cultivar*	Viele, die Pflanze oft komplett bedeckende Korbblüten, in vielen leuchtenden Farben, teilweise mehrfarbig.	April - Juni blühend: Juni - Oktober	Ideal für Kübel- und Kastenbepflanzung, auch für Beetbepflanzung.
	Rudbeckie, Sonnenhut *Rudbeckia hirta*	Mittelgroße Korbblüten. Ideal auch als Schnittblume.	April - Juni blühend: Juni - August	Für Beetbepflanzung.
	Husarenknöpfchen, Aztekengold *Sanvitalia speciosa*	Üppige Menge entwickelnde, strahlend gelbe Blüten, gedrungener, kompakter Habitus.	April - Juni blühend: April - Oktober	Für Beet-, Kübel- und Kastenbepflanzung.
	Studentenblume *Tagetes Cultivar*	Vielgestaltige Blüten in vielen Gelbtönen: cremefarben, gelb, orange, braun, auch geäugt und gerandet.	April - Juni blühend: Mai - September	Für Beet-, Kübel- und Kastenbepflanzung.

	Schwarzäugige Susanne *Thunbergia alata*	Auffällig zweifarbige Blüten in Gelb mit schwarzer Mitte.	April - Juli blühend: Mai - August	Kletterpflanze für Kübelbepflanzung. Braucht Rankhilfe, dann ggf. auch für Beetbepflanzung
	Tulpe *Tulipa Cultivar*	Blüten in Farben aus allen Farbbereichen außer Blau, auch mehrfarbig, sowie gerandet und gezeichnet.	Februar - April blühend: März - Mai	Ideal zur Beetbepflanzung, klein bleibende Sorten auch für Kübel- oder Kastenbepflanzung.
	Knollenbegonie *Begonia Cultivar*	Blüten, teils gefüllt blühend, in vielen Größen und Farben: weiß, gelb, orange, lachs, rosa, pink, rot; auch mehrfarbig.	April - Juni blühend: Mai - November	Ideal für Beetbepflanzung, auch für Kübel- oder Kastenbepflanzung. Eine Überwinterung lohnt sich nicht.
	Fleißiges Lieschen, Neuguinea-Impatiens *Impatiens Cultivar*	Blüten: orange, lachs, rot, rosa, weiß, violett; oft gezeichnet oder geäugt, Blätter: hellgrün, dunkelgrün, rötlich.	März - September blühend: April - Oktober	Buschige Kleinstaude ideal für Beet-, Kübel- und Kastenbepflanzung. Dauerblüherin mit geringem Pflegeanspruch
	Wandelröschen, Lantana *Lantana camara*	Changierende Blütenstände, Wuchsform als Hochstämmchen, neue Sorten auch als buschige Kleinstaude.	April - Juli blühend: Mai - September	Beetbepflanzung, Kübelbepflanzung, neue, buschig-klein bleibende Sorten auch für Kastenbepflanzung.
	Hornklee *Lotus maculatus*	Blüten, Blätter, Wuchsform.	April - Juni blühend: Juni - September	Kübel- oder Kastenbepflanzung, ideal für Ampelbepflanzung.
	Islandmohn *Papaver nudicaule*	Blüten.	April - Juli blühend: Mai - Juli	Ideal für Beetbepflanzung, auch für Kübel- oder Kastenbepflanzung.
	Granatapfel *Punica granatum*	Blüten: orangerot, später Früchte.	Mai - Juli blühend: Juni - Juli anschließend fruchtend	Ideal für Kübelbepflanzung, auch für solitäre Beetbepflanzung.
	Löwenmäulchen *Antirrhinum majus*	Blütenstand in vielen Farben: weiß, gelb, orange, lachs, rosa, pink, rot, purpurn, schwarzrot; meist mit Zeichnung.	April - Juli blühend: Juni - August	Ideal für Beetbepflanzung, auch für Kübel- oder Kastenbepflanzung.
	Drillingsblume, Bougainvillee *Bougainvillea x buttiana*	Hochblätter in vielen Farben: rosa, pink, lila-violett, purpur, orange, weiß.	Juli - September	Kletterpflanze für Kübelbepflanzung. Braucht Rankhilfe, dann ggf. auch für Beetbepflanzung.

	Zigarettenblümchen, Köcherblümchen *Cuphea ignea*	Blüten: pink, rosa; feinblättriges Laub.	Mai - September blühend: Juni - September	Ideal für Beetbepflanzung, auch für Kübel- oder Kastenbepflanzung. Eine Überwinterung lohnt sich nicht.
	Dahlie, Georgine *Dahlia Cultivar*	Blütenstand mit großen, zum Teil gefüllten Blüten in leuchtenden Farben.	April - August blühend: August - Oktober	Ideal für Beetbepflanzung, auch für Kübel- oder Kastenbepflanzung. Eine Überwinterung lohnt sich nicht.
	Elfensporn, Doppelhörnchen *Diascia Cultivar*	Blüten: lachs, rosa, pink und buschiger Wuchs.	April - Juni blühend: Mai - September	Kübel- oder Kastenbepflanzung, ideal für Ampelbepflanzung.
	Lobelie *Lobelia splendens Syn. Lobelia fulgens*	Länglich, aufrechter Blütenstand in leuchtenden Farben: lachs, feuerrot, purpurn. Laub bei einigen Sorten dunkel.	Juni - Juli blühend: Juni - September	Ideal für Beetbepflanzung, auch für Kübel- oder Kastenbepflanzung.
	Tabakblume, Ziertabak *Nicotiana x sanderae*	Sternförmige Blüten in vielen Farben: weiß, gelb, rot, rosa, grün.	Mai - Juni blühend: Juni - Oktober	Ideal für Beetbepflanzung, auch für Kübel- oder Kastenbepflanzung.
	Stehende Geranie *Pelargonium Cultivar Syn. Pelargonium zonale*	Ballförmiger Blütenstand in vielen Farben; weiß, lachs, orange, rot, rosa, pink, violett; auch gerandet und geäugt.	April - Juni blühend: Mai - November	Ideal für Kübel- und Kastenbepflanzung, auch für Beetbepflanzung.
	Hängende Geranie *Pelargonium Cultivar Syn. Pelargonium peltatum*	Ballförmiger Blütenstand in vielen Farben; hängende Wuchsform.	April - Juni blühend: Juni - Oktober	Kübel- oder Kastenbepflanzung, ideal für Ampelbepflanzung.
	Petunie *Petunia Cultivar*	Die Pflanze nahezu überdeckende Fülle an Blüten in vielen Farben außer reinblau; auch gerandet und gezeichnet.	April - Juni blühend: Juni - Oktober	Ideal für Kübel- und Kastenbepflanzung, auch für Beetbepflanzung, ideal als Ampelbepflanzung.
	Rose, Beetrose *Rosa Cultivar*	Blüte in vielen Formen und Farben, außer Blautöne.	März - Mai blühend: Mai - November	Ideal für Beetbepflanzung, auch für Kübel- und Kastenbepflanzung.
	Blutsalbei, Blutsalvie *Salvia coccinea*	Blütenstand in verschiedenen Rottönen, auch Gelb und Lachs.	April - Mai blühend: Mai - August	Ideal für Beetbepflanzung, auch für Kübel- und Kastenbepflanzung.

	Eisenkraut, Verbene *Verbena Cultivar*	Blüten in vielen Farben, gelegentlich geäugt; leicht hängende Wuchsform.	April - Juni blühend: Mai - September	Für Kübel- oder Kastenbepflanzung, ideal für Ampelbepflanzung.
	Zinnie *Zinnia elegans*	Blütenstand mit kräftig gefüllten Korbblüten in vielen Farben aus allen Farbbereichen, außer Blau, oft zweifarbig.	April - Juli blühend: Juni - August	Ideal für Beetbepflanzung, auch für Kübel- oder Kastenbepflanzung.
	Mini-Petunie, Kleine Hängepetunie, Million Bells *Calibrachoa Cultivar*	Viele, die Pflanze nahezu überdeckende Blütenfülle in vielen Farben außer reinblau; auch gerandet und gezeichnet.	April - Juni blühend: Juni - Oktober	Ideal für Kübel- und Kasten-, auch für Beetbepflanzung, ideal für Ampelbepflanzung.
	Besenheide, Heidekraut *Calluna vulgaris*	Mit kleinen, zarten Blüten besetzte Triebe; Wuchsform.	August - November blühend: August - Dezember	Ideal für Beetbepflanzung, auch für Kübel- oder Kastenbepflanzung.
	Indisches Blumenrohr *Canna indica*	Blüten, Blätter.	Mai - Juli blühend: Juni - Juli	Ideal für Beetbepflanzung, auch für Kübelbepflanzung.
	Celosie, Hahnenkamm, Brandschopf *Celosia argentea*	Blütenstand mit Blüten in kräftigen Farben: gelb, orange, lachs, rosa, pink, rot, violett.	April - Juli blühend: Juni - August	Buschige Staude, ideal für Beet-, Kübel- und Kastenbepflanzung. Dauerblüher mit geringem Pflegeanspruch.
	Erika, Glockenheide *Erica gracilis*	Mit kleinen, zarten Blüten besetzte Triebe; Wuchsform.	August - November blühend: August - Dezember	Ideal für Beetbepflanzung, auch für Kübel- oder Kastenbepflanzung.
	Fuchsie *Fuchsia Cultivar*	Blüten in vielen Farben, oft zweifarbig; bäumchenförmiger Wuchs.	April - Juli blühend: Mai - November	Ideal für Kübel- und Kastenbepflanzung, auch für Beetbepflanzung, hängende Sorten ideal für Ampelbepflanzung.
	Korallenfuchsie *Fuchsia triphylla*	Blüten; bäumchenförmiger Wuchs; dunkellaubige Blätter.	Mai - Juli blühend: Mai - November	Ideal für Kübel- und Kastenbepflanzung, auch für Beetbepflanzung.
	Purpurglöckchen *Heuchera micrantha*	Blätter in schönen Formen und vielen Farben: grün, purpurn, braunrot; oft mit Zeichnung.	April - Oktober blühend (unscheinbar): Juli - September	Buschige Kleinstaude, ideal für Beet-, Kübel- und Kastenbepflanzung mit geringem Pflegeanspruch.

	Sauerklee, Zierklee *Oxalis triangularis*	Blätter hell grün gezeichnet oder dunkel purpurn.	April - September blühend (unscheinbar): Juni - August	Ideal für Beetbepflanzung, auch für Kübel- und Kastenbepflanzung.
	Primel, Frühlingsprimel *Primula acaulis* *Syn. Primula vulgaris*	Blüten in vielen Farben, auch gerandet, geäugt und gezeichnet.	März - April blühend: März - April	Ideal für Kübel- und Kastenbepflanzung, auch für Beetbepflanzung.
	Buntnessel *Solenostemon scutellarioides* *Syn. Coleus blumei*	Blätter in vielen Grün- und Rottönen, zum Teil auch mehrfarbig gemustert.	April - Juni blühend (unscheinbar): Juli - August	Ideal für Beetbepflanzung, auch für Kübel- und Kastenbepflanzung.
	Thymian, Feldthymian *Thymus serpyllum*	Kleine, dicht mit Blüten besetzte Triebe; posterartiger Wuchs.	März - Juni blühend: Juni - August	Ideal für Kübel- und Kastenbepflanzung, auch für Beetbepflanzung.
	Kosmee, Kosmosblume, Schmuckkörbchen *Cosmos bipinnatus*	Blütenstand mit großen Korbblüten: weiß, rosa, pink, purpurn; auch geäugt und gerandet.	April - Juli blühend: Juni - August	Ideal für Beetbepflanzung, auch für Kübel- und Kastenbepflanzung.
	Falsches Heidekraut *Cuphea hyssopifolia*	Blüten: pink, rosa. Feinblättriges Laub, an Heidekraut erinnernd.	Mai - September blühend: Juni - September	Ideal für Beetbepflanzung, auch für Kübel- oder Kastenbepflanzung. Eine Überwinterung lohnt sich nicht.
	Igelkopf, Scheinsonnenhut *Echinacea purpurea*	Blüten: cremeweiß, purpurn, pink.	Juni - August blühend: Juni - September	Ideal für Beetbepflanzung, auch für Kübelbepflanzung.
	Hyazinthe *Hyacinthus orientalis*	Stark duftender Blütenstand mit Blüten in vielen Farben: weiß, hellgelb, lachs, rot, blau, violett, rosa.	Dezember - Mai blühend: Dezember - April	Für Beet-, Kübel- und Kastenbepflanzung.
	Fleißiges Lieschen *Impatiens walleriana*	Blüten in vielen Farben und Formen, oft gezeichnet oder geäugt; Blätter oft mit dunkler Laubfärbung.	März - September blühend: Mai - Oktober	Ideal für Beetbepflanzung, auch für Kübel- und Kastenbepflanzung.
	Prunkwinde *Ipomoea tricolor*	Blüten, weiß, rosa, purpurviolett, blaulila und oft mit weißer Mitte. Kletternde Wuchsform.	April - Juni blühend: Juni - August	Kletterpflanze für Kübelbepflanzung. Braucht Rankhilfe, dann ggf. auch für Beetbepflanzung.

	Elfenspiegel *Nemesia Cultivar*	Viele, die Pflanze nahezu überdeckende Blütenfülle in vielen Farben; auch gerandet und gezeichnet.	März - Juli blühend: Mai - September	Ideal für Kübel- und Kastenbepflanzung, auch für Beetbepflanzung, hängende Sorten ideal für Ampelbepflanzung.
	Oleander *Nerium oleander*	Blüten; baumförmiger Wuchs.	April - August blühend: Juni - Oktober	Für Beetbepflanzung, für Bepflanzung großer Kübel, kleinere, buschige Sorten auch für Kastenbepflanzung.
	Fetthenne, Fette Henne *Sedum telephium*	Blüten: rosa bis rötlich braun; Wuchsform.	August - Oktober blühend: August - Dezember	Ideal für Kübel- und Kastenbepflanzung, auch für Beetbepflanzung.
	Primel, Frühlingsprimel *Primula acaulis* *Syn. Primula vulgaris*	Blüten in vielen Farben, auch gerandet, geäugt und gezeichnet.	März - April blühend: März - April	Ideal für Kübel- und Kastenbepflanzung, auch für Beetbepflanzung.
	Stiefmütterchen *Viola x wittrockiana*	Blüten mit interessanten Zeichnungen, meist mehrfarbig, gezeichnet, geäugt oder gerandet.	Februar - April blühend: Februar - April, November - Januar	Ideal für Beetbepflanzung, auch für Kübel- oder Kastenbepflanzung.
	Margerite, Strauchmargerite *Argyranthemum frutescens*	Blütenstand mit weißen Blüten und gelber Mitte.	April - Juli blühend: Mai - Juli	Ideal für Kübel- und für Beetbepflanzung, kleinere, buschige Sorten auch für Kastenbepflanzung.
	Chrysantheme, Winteraster *Chrysanthemum* *x grandiflorum*	Blütenstand mit Blüten in vielen Formen und Farben: weiß, gelb, bronzefarben, braunrot, rosa, pink, purpurn; Wuchsform.	Juli - Oktober blühend: Juli - November	Buschige Kleinstaude, ideal für Beet-, Kübel- und Kastenbepflanzung. Dauerblüherin mit geringem Pflegeanspruch.
	Silberstrohblume, Lakritzstrohblume *Helichrysum petiolare*	Blätter: silbrig-graugrün.	April - Juni zierend da nur unscheinbar blühend: April - Dezember	Buschige Kleinstaude, ideal für Beet-, Kübel- und Kastenbepflanzung. Überwinterung lohnt sich nicht.
	Edellieschen *Impatiens Cultivar*	Blüten in vielen Farben und Formen, oft gezeichnet oder geäugt; Blätter oft mit dunkler Laubfärbung.	März - September blühend: Mai - Oktober	Ideal für Beetbepflanzung, auch für Kübel- und Kastenbepflanzung.
	Edelweiß *Leontopodium alpinum*	Blütenstand mit samtiggrauen Brakteen.	Mai - September blühend: Juni - September	Für Beetbepflanzung, auch für Kübel- oder Kastenbepflanzung.

	Drahtpflanze *Leucophyta brownii* *Syn. Calocephalus brownii*	Blätter, silbergraue Gesamterscheinung.	April - Juli blühend (unscheinbar): Mai - Juli	Ideal für Kübel- und Kastenbepflanzung, auch für Beetbepflanzung.
	Heiligenkraut *Santolina chamaecyparissus*	Blätter, silbergraue Gesamterscheinung.	April - Juni blühend (unscheinbar): Mai - Juni	Ideal für Kübel- und Kastenbepflanzung, auch für Beetbepflanzung.
	Leberbalsam *Ageratum houstonianum*	Blütenstand mit kleinen, rundlichen Blüten: blau-violett, violett, weiß.	April - Mai blühend: Mai - August	Ideal für Beetbepflanzung, auch für Kübel- oder Kastenbepflanzung.
	Berg-Anemone *Anemone blanda*	Blüten: violettblau, weiß, purpurn, rosa.	Februar - April blühend: März - Mai	Ideal für Beetbepflanzung, auch für Kübel- oder Kastenbepflanzung.
	Angelonie *Angelonia gardneri*	Blütenrispen mit Blüten: violett, weiß, rosa; oft mehr-farbig.	April - Mai blühend: Mai - Juli	Ideal für Beetbepflanzung, auch für Kübelbepflanzung.
	Herbstaster *Aster novi-belgii*	Blütenstand, Wuchsform.	Juli - Oktober blühend: August - November	Ideal für Beetbepflanzung, niedrig bleibende Sorten auch auch für Kübel- oder Kastenbepflanzung.
	Glattblatt-Aster *Aster novi-belgii*	Blütenstand, Wuchsform.	Juli - Oktober blühend: August - November	Ideal für Beetbepflanzung, niedrig bleibende Sorten auch auch für Kübel- oder Kastenbepflanzung.
	Blaues Gänseblümchen, Australisches Gänseblümchen *Brachyscome multifida*	Blütenstand mit kleinen Korbblüten: blauviolett, weiß.	April - Juni blühend: Mai - August	Buschige Staude, ideal für Beet-, Kübel- und Kastenbepflanzung.
	Glockenblume *Campanula carpatica*	Blüten: blau, weiß.	April - September blühend: Mai - September	Kübel-, Kasten- oder Beetbepflanzung.
	Rittersporn *Delphinium Cultivar*	Blüten: blau, violett, weiß, rosa; Wuchsform.	Mai - August blühend: Juni - August	Ideal für Beetbepflanzung, niedrige und buschigere Sorten auch für größere Kübelbepflanzung.

	Blaue Kap-Aster *Felicia amelloides*	Korbblüten: blauviolett.	April - Juni blühend: Mai - August	Für Beetbepflanzung, auch für Kübel- oder Kastenbepflanzung.
	Vanilleblume, Heliotrop, Sonnenwende *Heliotropium arborescens*	Stark nach Vanille duftende Blütenstände: dunkelviolett, selten weiß.	April - Juni blühend: Juni - September	Für Beetbepflanzung, auch für Kübel- oder Kastenbepflanzung.
	Netziris *Iris reticulata*	Blüten: violett, purpurn; meist mit feiner weiß-gelber Zeichnung.	Februar - März blühend: Februar - März	Für Beetbepflanzung, niedrig bleibende Sorten auch für Kübel- oder Kastenbepflanzung.
	Echter Lavendel *Lavandula angustifolia*	Blüten, Blätter, Wuchsform.	April - September blühend: Mai - August	Ideal für Kübel- und Kastenbepflanzung, auch für Beetbepflanzung.
	Schopflavendel *Lavandula stoechas*	Blüten: violett, purpurn, selten weiß.	April - Juli blühend: Mai - August	Ideal für Kübel- und Kastenbepflanzung, auch für Beetbepflanzung.
	Männertreu *Lobelia erinus*	Zierliche, aber viele Blüten: blau, violett, weiß.	April - Juni blühend: Mai - Juli	Ideal für Kübel- und Kastenbepflanzung, auch für Beetbepflanzung, hängende Sorten ideal als Ampelbepflanzung.
	Vergissmeinnicht *Myosotis sylvatica*	Blüten: violett-blau, blau, weiß, rosa.	Februar - April blühend: Februar - Mai	Für Beetbepflanzung, auch für Kübel- oder Kastenbepflanzung.
	Elfenspiegel, Nemesie *Nemesia strumosa*	Reich mit Blüten besetzte Triebe.	März - Juli blühend: April - September	Ideal für Kübel- und Kastenbepflanzung, auch für Beetbepflanzung, hängende Sorten ideal für Ampelbepflanzung.
	Petunie *Petunia Cultivar*	Die Pflanze nahezu überdeckende Fülle an Blüten in vielen Farben außer reinblau; auch gerandet und gezeichnet.	April - Juni blühend: Juni - Oktober	Ideal für Kübel- und Kastenbepflanzung, auch für Beetbepflanzung, ideal für Ampelbepflanzung.
	Polsterphlox *Phlox douglasii*	Viele sternförmige Blüten.	April - Juni blühend: lila, purpurn, pink, rosa, weiß.	Für Beetbepflanzung, auch für Kübel- oder Kastenbepflanzung.

	Ballonblume *Platycodon grandiflorus*	Blüten: blauviolett, weiß.	Juni - August blühend: Juni - August	Ideal für Kübel- und Kastenbepflanzung, auch für Beetbepflanzung.
	Fächerblume *Scaevola saligna*	Blüten: blauviolett; hängende Wuchsform.	April - Juni blühend: Mai - September	Ideal für Ampelbepflanzung, auch für Kübel- und Kastenbepflanzung.
	Blauer Kartoffelstrauch, Enzianstrauch *Solanum rantonnetii*	Blüten: enzianblau.	April - Juni blühend: Juli - Oktober	Für solitäre Kübelbepflanzung oder für Einzelbepflanzung auf dem Beet.
	Silberrandchrysantheme *Ajania pacifica*	Blüten: hellgelb; Laub: silbergrau-grün.	September - Oktober blühend: Oktober - November	Ideal für Kübel- und Kastenbepflanzung, auch für Beetbepflanzung.
	Strauchveronika, Strauchehrenpreis *Hebe andersonii*	Blüten: blauviolett; Blätter: hellgrün, auch panaschiert.	August - November blühend: August - November	Ideal für Kübel- und Kastenbepflanzung, auch für Beetbepflanzung.
	Funkie, Herzlilie *Hosta Cultivar*	Blätter: hellgrün, blaugrün, dunkelgrün; oft panaschiert oder gezeichnet.	April - Juli blühend (eher unscheinbar): Juni - Juli	Ideal für Beetbepflanzung, kleinere Sorten auch für Kübel- oder Kastenbepflanzung.
	Süßkartoffel *Ipomoea batatas*	Blätter: hellgrün, purpur, teilweise auch zweifarbig	April - Juni blühend (unscheinbar): Mai - Juni	Ideal für Kübel- und Kastenbepflanzung, auch für Beetbepflanzung.
	Pfennigkraut, Münzkraut *Lysimachia nummularia*	Hängender Wuchs mit kleinen Blättern besetzte Triebe.	April - Juni blühend (unscheinbar): Mai - Juni	Ideal für Ampelbepflanzung, auch für Kübel- und Kastenbepflanzung.
	Mühlenbeckie, Drahtstrauch *Muehlenbeckia axillaris*	Wuchs: zarte dunkle Triebe, die dicht mit kleinen grünen, rundlichen Blättern besetzt sind.	ganzjährig nichtblühend	Ideal für Ampelbepflanzung, auch für Kübel- und Kastenbepflanzung.
	Rohrglanzgras *Phalaris arundinacea*	Wuchs: grasähnliche Blätter, zweifarbig gestreift.	März - Juni nichtblühend	Ideal für Beetbepflanzung, auch für Kübel- oder Kastenbepflanzung.

Service – Verzeichnis der verwendeten Pflanzen

(Aufgeführt sind die in diesem Werk verwendeten Pflanzen mit ihrem deutschen Namen sowie der botanischen Bezeichnung *(kursiv)*. Die Zahlen verweisen auf die Seiten, auf denen die jeweilige Pflanze in Kombination mit anderen zu finden ist.)